イメージの心理学

河合隼雄

青土社

目次

イメージと深層心理学　7
深層心理学と実験心理学　イメージの重要性
「私」の心理学　イメージと概念

イメージとは何か　23
イメージの「私」性　イメージの特性
イメージと心的エネルギー　イメージとシンボル

神話・伝説・昔話　43
物語ること　心の現実　コスモロジー
神話・伝説・昔話　文化差

イメージと元型　63
個より普遍へ　元型とは何か　普遍的意識と普遍的無意識
個性化の過程　共時性

心理療法の実際　83
心理療法の狙い　イメージの世界　内界と外界
コンステレーションを読む　治療者・クライエント関係

夢分析　103
夢の不可解さ　夢分析　「体験」としての夢
夢を生きる　実際的問題

箱庭療法　121
箱庭療法について　「創ること」と「癒すこと」
「おさめる」こと　夢と箱庭　ゲニウス・ロキ

宗教とイメージ　141
神体験とイメージ　身体性　シンボルの盛衰
マンダラ　死後の世界

境界例とイメージ　161
境界例とは　境界のイメージ　二分法へのプロテスト
両性具有　治療者の両性具有

イメージと言語　181
解釈とは何か　言語の特性　深層心理学と言語
拡充法　再び解釈について

イメージと創造性　201
ポアンカレの体験　創造の病い　芸術の場合
人生の創造

ライフサイクルとイメージ　215
ライフサイクルとは何か　直線と円環　老人と子ども
死と再生　死後の生命

あとがき　234

新装版へのあとがき　谷川俊太郎　238

イメージの心理学

イメージと深層心理学

深層心理学と実験心理学

「イメージ」についていろいろな角度から考察してみることにした。以後に論じるように「イメージ」ということは、心理学にとって極めて重要なことと筆者は考えているし、筆者の専門とするユング心理学の本質は、イメージ心理学であるとさえ言えるのではないかと思っている。このように大切なイメージについて語るのであるが、それ以前に筆者が専門とする「深層心理学」ということについて少し説明する必要を感じている。というのは、それは心理学にも異なる考え方があり、従って方法論も異にしており、その点を明らかにしておかないと、誤解を生じることが多いと思うからである。

筆者は深層心理学を専門にしている（ユング心理学はそのなかの学派のひとつである）が、現在のところ、わが国の心理学の主流は実験心理学であることを明らかにしておかねばならない。実験心理学はその範を近代の物理学にとっているところが特徴である。近代に発展した物理学があまりに見事にその体系を構築したので、他の領域の自然科学もそれを習おうとしたが、心理学も「自然科学」としての心理学を築こうとして、物理学の方法論を借りることになった。

近代物理学においては、観察者としての人間はその事象と関係をもたず、「客観的」な観察を行い、その事象における因果関係を明らかにする法則を見出す。そして、その法則が正しいことは「実験」によって、それを確めることができる。このような方法を心理学に適用しようとするとき、「客観的観察」の対象として「人間の心」というのは、あまりにも曖昧であり、本人の主観的な内省報告は対象とするには、あまりに不確定である。そこで、心理学では人間の「行動」を対象として研究することが考えられた。つまり、それは心理学としてよりは、「行動科学」として考えられることになった。このような「心理学」は現在に至るまで発展してきており、アカデミズムのなかの心理学科の主流をなしている。このような学問体系の意義、その方法論の適切さなどについて論議することは、必要なことであろうが、本論の趣旨ではない。ここでは筆者の専門とする深層心理学が、このような実験心理学とは異なる方法論によって成立していることを明らかにしておきたいのである。

まず、ひとつの例をあげよう。自分の顔が非常に醜い、それは目と目の間が凄く陥没しているからだと言って、そのために外出もしない人がいる。ところが、その人を誰が見ても目と目の間が低すぎるとか陥没しているなどとは見えない、という場合がある。醜貌恐怖症と言われているノイローゼであるが、この人に対して、あなたの顔は正常であるとか、普通であるなどといくら強調しても、まったく解決がつかない。言えば言うほど嫌がられるだけで、彼の確信は不変のままである。このようなとき、一番大切なことは、その人が自分自身の顔のイメージをどのように見ているかであって、「客観的に」それがどう見えるのか、まったく問題外なのである。

このようなノイローゼの人を治療しようとするならば、まず、問題にしなくてはならないのは、本人の「主観」なのである。その人がどう感じ、どう考えているか、が問題なのである。そのような「主観」の世界を問題にせざるを得ないのだから、われわれはここで先に述べたような物理学を範とする方法を用いることはできない。「物」を対象として成功した方法を、そのまま人間の主観を対象として通用させることができるだろうか。

それよりも、ここにもっと深刻な課題が生じてくる。たとえば、先の醜貌恐怖の人に対して、あなたの顔は普通だとか、顔なんか気にせずに外出しなさいとか言うと、その人はそれ以後はわれわれに何も話をしてくれなくなるだろう。これに対して、「それは随分辛いことでしょう」というように応答すると、その人はもっといろいろと話をはじめるであろう。つまり、「物」に対する研究においては、観察者の存在が事象に影響を与えないように心がけるべきであったのに対して、人間を相手とする場合、それを「客観的対象」とするのではなく、むしろ感情を共有するような態度をとってこそ、事態が詳しくわかってくるのである。

深層心理学はもともとノイローゼの治療という極めて実際的なことから出発している。そのため、初期の頃の創始者たちは、フロイト、ユング、アドラーなどいずれも医者であることが特徴的である。そして、彼らは先に述べたような方法論的反省などする前に、ともかくノイローゼを治そうとする目的を達成するために、直観的にいわゆる「自然科学」的な方法とは異なる方法をとっていたのである。

しかし、現在においてわれわれはこのことをよく認識しておく必要がある。

イメージの重要性

先の例にかえると、人間が生きてゆく上において、イメージということがどれほど大切かがわかるであろう。つまり、例にあげた人にとって、自分が他人にどう見えるかということや、実際に目と目の間の高さなどの測定値などということより、自分にとって自分の「イメージ」がどうかということが一番大切なのである。そして、そのことが実際に彼の外出不能という行動を引き出してきている。つまり、実際的効果をもつのである。

心理療法をしていると、イメージの重要性を痛感させられる。たとえば、登校拒否症の子どもに会うと、その子の言い分としては、母親があまりにも厳しく自分を監視しているので辛いとか、母親は怒り出すと鬼のようになるとか、あんな冷たい人間は居ないとか、訴えてくる。ところが、その母親に会ってみると、どう考えても子どもの言うような人に思えないときがある。しかし、このようなときも、本人に対して、母親は君の言うようなひどい人ではない、などと説得を試みても無益どころか、有害なことさえ生じるであろう。夫婦が不和になって相談に来るときも、夫からみた妻、妻から見た夫のイメージというものが、どれほどそれぞれの人間の行動を規制する力のあるものかを痛感させられるのである。

イメージはネガティブなものばかりではなく、もちろんポジティブなものもあり、それはまた強い影響力をもつことも事実である。恋人同士の関係などは、その典型的なものであろう。恋がさめてからでは、それほど美人に見えぬ相手でも、恋愛中は絶世の美人に見えるであろう。このようなときに、自分は騙されていたとか、判断力が鈍っていたとのみ考えるのではなく、どうしてそのようなことが生じたのかをもう少し考えてみると、自分の心のなかに、絶世の美人というイメージが存在し、そのイメージを恋人に投影していたために、そのようなイメージの力によって自分は動かされていたと考えてみてはどうであろうか。

深層心理学と言われる学派が、それに「深層」などという名を冠するのは、自分の心というものを層構造に分け、その深い層のことを研究するという意図をもっているからである。たとえば、先にあげた恋人の例であれば、恋がさめた後で考えてみるとき、自分があれほどまでに彼女に魅力を感じていたのは、自分の心の深層に絶世の美女というイメージが存在し、それを彼女に投影していたからである、と自ら納得する。そして、そこで大切なことは、自分の内界に存在するイメージであるから、それを詳しく調べて見ようとする。このような方法が深層心理学のひとつの方法である。

フロイトが精神分析をはじめた頃、女性の患者が父親から性的関係をせまられたことを想起し、そのような性的外傷体験がヒステリーの原因である、と考えたが、その後、ある女性患者の語った性的外傷体験が事実ではないことが判明し、フロイトはショックを受ける。しかし、すぐに考え直して、そのような「事実」があるかないかが大切なのではなく、彼女がそのようなことを「想起」するのは、そのような「心的現実」が存在するためであり、その「心的現実」こそが、彼女のノイローゼの大きい要因になっていると考えたのである。

フロイトはそのような「心的現実」が「無意識」の領域に存在すると考え、その探索を行う方法を考え出し、それを「精神分析」と称した。ここに彼の言う「心的現実」の世界とは、まさにイメージの世界と言っていいのではなかろうか。先の例で言えば、ヒステリーの女性が述べた、自分を性的に犯そうとする父親とは、彼女の内界に存在する父親イメージそのものである。その父親イメージと彼女の現実の父親の間のからみあいのなかで、彼女の経験したことが、彼女のノイローゼの症状形成の要因となってくるのである。

フロイトは、かくして「無意識」の世界の探索によって得たことから、多くの概念や理論を見出し、「精神分析」の体系をつくり出してきた。ただ、そのときに、彼の学説を一般に受けいれさせるためには、それが「科学」である、という主張をする必要があり、それが「精神分析」のなかの大きいジレンマとして残されることになる。フロイト自身がこのことを、どの程度意識していたかどうかは定かではない。おそらくは、非常にアンビバレントな気持でいたのではなかろうか。当時としては、「科学」であることを主張しない限り信用されないのだから、これは無理からぬことであるが、次に述べるように、筆者は深層心理学は、いわゆる自然科学ではない、と思っている。ただ、わざわざ「いわゆる」とつけたのは、深層心理学を新しい科学のひとつとして考えることも可能と思うからである。

「私」の心理学

精神分析は、人間の心に関する興味深い知見を与えるので、欧米においてはひろく一般の人々に知られることになった。ヨーロッパのアカデミズムの世界はその受け容れに強い抵抗を示したが、アメリカにおいては、その国の文化的状況が大いに作用し、また「精神分析」を「科学」と考えさせることにも一応成功したので、アカデミズムの世界にも受け容れられていった。

「精神分析」が好きになると、その学説を他人に対して「適用」したくなるのは当然である。ひとつの例をあげてみよう。ある人が誰かにプレゼントをする。そのときに、その現象を分析して、「プレゼントをあげたのは、あなたの無意識的な攻撃性のあらわれである」と解釈したとしよう。そのときに、その人がそれを承認すれば、もちろん、それは正しかったことになる。しかし、当人が否定した場合、「それは君があまりに無意識だから」と言われるとどうなるであろう。これに対しては何も言えないのではなかろうか。つまり「無意識」という言葉を用いると、それはオールマイティとなり、「検証可能性」を奪ってしまうのである。

このような馬鹿げたことが生じるので、精神分析は「科学」ではない、という論があるし、筆者もそう思っている。ただ、そこから、「だから精神分析は信用できない」とか、「無用」である、という結論にジャンプしないだけである。「自然科学」以外に有用なものも、信頼できるものも沢山存在している。

それでは、深層心理学をどのように考えるのか。筆者は、これを「私の心理学」として考えるのが一番適切ではないか、と考えている。われわれはいろいろな事象を理解したいと思っている。自然科学はそのなかの極めて有効な方法である。しかし、その出発の基礎に、「私の消失」があることを注目しなくてはならない。というよりは、それは「私」を出来る限り排除することにより、その普遍性を獲得してきたのである。自然科学の根本には、自と他の区別を明らかにすること、が存在する。そのように峻別された「自」が「他」を客観的に観察することによって得た知見は、「自」と関係がないために、観察者の存在をこえた普遍性をもつ。この「自」と「他」の峻別を意識的にやり抜いた西洋近代が生み出した自然科学は、全世界に通じる普遍性をもっているために、世界を席捲し得たのである。このことの偉大さ、西洋近代のもつ凄さを、われわれは決して忘れてはならない。

しかし、私が理解しなくてはならない重大な事象として、「私」というものがある。いったい「私」とは何者か、何をしようとしているのか、何ができるのか。この課題は私が「他」の事象を理解するのと、同等かそれ以上の重みをもっている。しかし、この「私」こそ、近代の自然科学が研究対象外として最初に除外したものである。自然科学の結果があまりに見事なので、その方法を「私」にも適用しようと考えるのも当然で、実験心理学の結果も「私」に適用できる。しかし、その際は、「私」

のなかの「私」らしさをもっとも抜きにした部分のみが対象となるので、心理療法を受けに来る人のように、「私」そのものを問題にしたい人に対しては、まったく無力なのである。

精神分析の創始者フロイトの行ったことの本質は「私」の理解である。そもそもフロイト自身がノイローゼであって、彼はそれを治そうとした。そのため、彼は「私」の理解のため自己分析をはじめ、その結果が彼の「精神分析」の基礎となったのである。ユングの場合は、彼の『自伝』（『ユング自伝』Ⅰみすず書房）に詳しく語られているように、精神分裂病と見まがう程の精神的危機を体験している。そして、彼自身もそれを克服するために自己分析を行い、その成果が彼の分析心理学の基礎になるのである。つまり、深層心理学の創始者たちは、「私」の理解から出発しているのである。ここで、深層などという表現に見られるように、心を層構造に分けて理解することは、人間が自分自身の理解をする際に便利で有効な方法なのである。

かくして、深層心理学を「私」の心理学として位置づけると、それを他人に「適用」することの誤りに気づかされる。つまり、自然科学の方法は、「自」と「他」の明確な分割によって、その結果に「私性」がはいりこまないようにしているので、その法則は万人共通であり、他に適用できる。しかし、深層心理学は、私による私の理解の方法なので、それはあくまで、ある人が自分自身の理解をはじめようとするときに、その人自身が行う探索に役立つかも知れぬこととして提示はできても、それをその人には「適用」できないのである。

深層心理学をこのように考えると、それにおけるイメージの重要性がよくわかる。イメージこそは

「私」自身にとっての経験であり、他の誰のものでもないのである。私が夢を見たとき、夢はイメージのなかでも極めて重要なものだが、それを私自身が報告しないかぎり誰にもわからないし、また、他の人も私の報告を信用するより仕方がないのである。実は、イメージのこのような性質のため、「自然科学」の立場の人からは、むしろ、嫌われることになる。つまり、あまりに主観的で研究対象にならない、というわけである。しかし、そのことこそが「私の心理学」にとってイメージが重要となる原因なのである。つまり、それは主観そのものを扱おうとしているからである。

「私」の心理学といっても、それは「内界」ばかりを見ていることを意味しない。たとえば、ある人の母親が交通事故で死亡する。そのとき、その人は「なぜ母は死んだのか」という問いを発する。これに対して、自然科学は、「出血多量により」とか「頭蓋骨の損傷により」とか説明してくれる。その説明は正しくはあっても、その人を満足させるものではない。その人の問いは、「なぜ私の母が死んだのか」ということ、つまり、その人にとっての意味を問うているのである。ここで、母の死は「外界」のことであるが、それは「私」の世界のことでもある。そこで、その人は「私」の世界を探索し、自分が前日に他人との約束を破ったので、その罰として母が死んだのだ、と思うかも知れない。その確信が強くなってくると、それは「妄想」ということで、われわれのところに連れて来られることになるだろう。そのようなとき、われわれはその人と共に、その人が「私」のこととして受けとめている母の死に関連して、「私」の探究が行われるのを助けることになる。

「私」の心理学はこのように、個々の人が個々に自分に対して探索を行うことになるが、そこには自然科学とは異なる次元での普遍性が生じてくる。それは個を消して普遍を研究することによる普遍ではなく、個より普遍に至る道である。たとえば、フロイトは自らの分析を通じてエディプス・コンプレックスということを見出すが、これは相当多くの人にとって、その人自身の「私」の研究に役立つ普遍性をもつことが明らかになった。彼はそれを人間すべてに普遍のことと考えたが、実は、文化圏が異なるときは、そうは言い切れぬことが明らかとなってきた。「私」の心理学はそれを行う主体としての個人によって、ある程度の差が生じるのは当然であり、その個人の属する文化や社会によって異なってくるのも当然である。しかし、「私」の探求が深くすすめばすすむほど、それは文化や社会の差をこえた普遍性をもつことになるだろう。

　このような普遍性を見出すためには、「私」の心理学は、そこに得た結果を何らかの方法で他に示さねばならない。一番適切なのは、それを言語化して、できるだけ体系的な理論をつくりあげて提示することであろう。そうすると、個々の人がそれを自分自身について試みて、その普遍性を確かめてくれるであろう。このようにして、深層心理学も自然科学とは異なる意味での普遍性を獲得できる。

　精神分析はアメリカに渡ったときに、本質的には先に述べたような意味での普遍性をもったのであるが、それが自然科学の普遍性と混同され、精神分析自身も、それを自然科学として提示しようとして多くの努力を重ねた。それを自然科学であるというためには、何らかの外的事象と関連させることが有効であるので、フロイトの言う原光景や、小児性欲の発達論などが外的事実として述べられる、というようなことも生じてきた。そして、多くの人が精神分析を自然科学として信じているうちは、それは相当に役立つものとなった。しかし、アメリカにおいても、「自然科学としての精神分析」に対して疑問をもつ人が生じてきて、このことは精神分析のひとつの危機として感じられている。しかし、いわゆる自然科学としてではなく、既に述べたような意味をもつことを明らかにしてゆけば、その存在意義は十分に認められる、と思われる。

「私」の心理学が普遍性をもつためには、それを言語化して示すことが必要である、と述べた。この際、私を対象としつつ、その研究する主体も私である、という意味で、いわゆる自然科学とは異なるが、それをある程度対象化して、他に示し他の人々の検証に耐えるものとし、他の人々の反応如何によっては、その理論の改変の余地を残す、という意味では、それは広い意味の「科学」と言えるかも知れない。しかし、その方法論において根本的に異なっていることを認識しておかねばならない。

イメージと概念

先に述べた「言語化」に際して、非常に大きい問題が生じてくる。たとえば、エディプス・コンプレックスを例にあげて考えてみよう。フロイトが自分自身のことを探索し、それを見出したときは、自分の心のなかの父親イメージに戦慄する体験をしたであろう。「私」の心理学の探究には、このような全人的体験が伴うのであり、その体験こそが大切なのである。ところが、エディプス・コンプレックスが「概念」として教えられ、「同性の親に対する敵対感情と……」というようになると、それは知的には理解されるとしても、それはエディプス・コンプレックスの真の理解とはほど遠いものになる。そもそも、エディプスなどという名前を冠していること自体、それが明確な概念としてよりは、神話的なパワーをもつ体験的知として受けとめられることを願っていることを示している。

ユングはフロイトによる精神分析よりも、もっとイメージのもつ生命力の方に注目し、その心理学において、イメージのもつ特性をできるかぎり残そうとした、と言うことができる。彼はイメージは生命力をもつが明確さに欠け、概念の方は明確ではあるが生命力に欠ける、という意味のことを述べている。このことは極めて重要なことである。

今まで一般に知られている言葉にアイデンティティという用語がある。アメリカの精神分析家のエリク・エリクソンが提唱した言葉であるが、それは多くの人の心を惹きつけて、一種の流行語のようになった。「あの人はまだアイデンティティが確立していない」とか、「今まで人生を無駄にしてきたように思ったが、それはアイデンティティ確立のための模索だったのだ」などと言うときに使われ、それは人を「なるほど」と納得させるものがある。一般にもよく使われてくると、学者としてはそれに惑わされず、「概念規定を明確にしなくてはならない」と思う。そして、実際に多くの学者がそれなりに努力して、いろいろと定義を試みる。しかし、「明確な」定義ができあがってしまった途端に、アイデンティティという言葉が魅力を失ってしまう。なんだそんなことか、という感じになってくる。これはいったいどうしてだろうか。

アイデンティティという言葉も、「私の心理学」の用語である。それは研究の主体も対象も「私」であるという状況のなかで、私の体験を焦点化するのに極めて好都合な用語として提出されているので、そのような「体験」抜きにしてその本質を把むことはできない。ところが、これまでの科学や学問の伝統のなかで「概念の明確化」を行おうとするためには、むしろ「私の体験」を抹殺して作業を行うことになるので、用語のもつ魅力が消え去ってしまうのである。筆者はこのような用語を「イメージ言語」と呼ぶといいのではないかと思っている。「私の心理学」を語る言語はイメージ言語に満ちている。

イメージおよびイメージ言語の理解には、「私」の体験が必要である。このために、イメージの研究、「私の心理学」の研究をする研究者は、自然科学の研究者と異なる態度をとらねばならない。後者においては、「自」と「他」の区別を明確にすることが必要条件であるが、「私の心理学」の場合は、自と他との区別をできる限りあいまいにすることが必要である。具体的に言えば、ある人が「私」の探索を試みてイメージの世界について報告するとき、その研究者はそれを聞くときに、できる限り体験を共有する態度で聞かねばならない。「客観的対象」として研究されると、「私」の探索は進まなくなり、イメージの生命力は消失してしまう。ただ、このようなときに、「聞き手」を必要とするところが興味深いところである。「自己分析」と言っても、厳密な意味で自分一人だけではできるものではない。先にあげたフロイトにしろ、ユングにしろ、彼らの自己分析を助けた重要な「聞き手」が居たことが、明らかになっている。フロイトにとっては、フリースという男性が、ユングにとっては、トニー・ウォルフという女性（拙著『ユングの生涯』第三文明社、参照）が必要であった。

体験の共有をしつつ、研究者はそれを対象化して言語化するという仕事をしなくてはならないが、そのバランスは極めて難しい。すなわち、言語化を焦るとイメージの生命力を殺してしまうし、さりとて、イメージの体験の共有に流されてしまうと、まったくの混沌の状態に落ちこむことになる。このような微妙なバランスの上に立って、イメージの研究がなされることになる。そして、イメージの心理学を理解するためには、その人も自分自身のある程度の体験を必要とする。体験の共有を基礎とするような読み方をしない限り、その本質を誤ってしまう。自分なりに概念化を焦ったり、「自然科学」的な読み方をすると、その本来の意味を損ってしまうのである。以上のような立場を前提として、以後、イメージの心理学について述べてゆくことにしたい。

イメージとは何か

イメージの「私」性

前章において、イメージの重要性を特に深層心理学との関連のなかで論じた。そのなかで、イメージがどのようなものであるかを一応述べたが、本章では、イメージとは何か、という点について詳しく述べてみたい。

本論で取り扱っているイメージは、あくまである個人の極めて主観的な体験としてのイメージを問題としている。それは「私」の体験そのものであり、「私」以外に――「私」が表現しない限り――知りようがないのである。イメージはそのようなものであるが、実験心理学においては、それを「外界の模像」または「知覚対象のない場合に生じる視覚像」のように考え、あくまで外的現実との関連において考えようとするところが特徴的である。従って、外的現実の方にメルクマールがおかれ、そのイメージが外的現実とどの程度一致するのか、というような点が研究の対象となってくる。

これに対して、深層心理学においては、ある個人の内界に存在するイメージそのものを大切であると考える。それは外界の模像としてよりも、内界の存在の意識化されたものとして受けとめられる。たとえば、夢を例にとって考えてみよう。「家から外に出ようとして、玄関の戸を開けると、一匹の犬が居る。急にその犬が恐ろしくなって、思わず戸を閉める。犬は中に入りたいのか、戸を足でがりがりとかいている」。このような夢を見たとき、戸を開けるときに、そこに犬が居ることをまったく予想できていないことが、非常に重要な点である。私が頭で考えて作ったお話なら、そこで犬に会うことにしようとか、前もって考えていることだろう。夢のなかで、その犬が恐ろしくなって思わず戸を閉めるなどというところも、まったく自分の意図と関係なく生じていることは明らかである。

人間の「内界」というとき、自分の意識化可能な範囲のみを考える人がある。反省したり、考えたり。しかし、夢の現象が明らかに示すように、内界にはそれ自体の自律性があり、人間の反省の及ばぬ領域がある。私が外出しようとして、思いがけない人に会ったりするように、夢のなかの犬も、まったく思いがけない現われ方をしているのである。イメージはそのような内界と深くかかわっている。これに対して、私が一匹の犬を見て、目を閉じ、そのイメージを思い浮かべるときは――それも既に少しは内界と関連してくるが――外界の模像としての意味が強く、深層心理学にとってはあまり関心のないものである。

先の夢で言えば、この夢を見た人にとって、イメージとは単なる視覚像ではなく、その犬を見たときの驚きや怖れなどの感情体験が伴っている。戸を閉めたのは、危険だという判断もあったからであろう。従って、これらのことは、イメージと言うよりはイメージ体験とでも言う方がいいであろう。

このイメージ体験そのものは、その当事者のみの知るところである。つまり、「私」性の極めて強いものである。しかし、その人はその体験を他に表現することによって、それを他に伝えることができる。それがイメージ体験の表現である。

イメージ体験の表現は、言語的、非言語的になされる。先の夢の報告は言語的表現である。これに対して非言語的表現としては、夢のときの自分の動作、あるいは、自分が犬になったつもりで行為してみるなど、自分の身体を用いての表現と、その犬の絵を描いてみたり、あるいは音楽にしたりするような表現の手段がある。

以上の場合は、内界におけるイメージ体験が既に存在し、それを表現するのであるが、これと異なるものとして、絵画、粘土、箱庭、あるいは身体活動などによって、自分の内的世界を自由に表現してみようとするときがある。このときは、ともかく出来る限り自由に、ということを大切に表現活動を行うのだが、作っているうちに自分でも思いがけない表現が生じてきたり、作ったイメージに刺戟されて、思いがけぬ発展や変更が生じたり、いったいなぜそうしたのかわけのわからぬうちに作品ができあがり、後で考えてみると、内界の表現として思い当るところがある、という場合がある。これを外在化されたイメージと呼んでおく。

以上述べてきたことを整理すると、一応次のようになるが、これらのことを一括してイメージと呼ぶことが多い。しかし、その性質は微妙に異なるので、われわれはその点を意識していることが必要である。

1　イメージ体験そのもの
2　イメージ体験の表現
言語による表現
非言語的表現
3　外在化されたイメージ

これらは、あくまで個人の内的体験、内界の表現としての意味が強いところに特徴がある。これらを一括してイメージと呼んでいるが、それらの特徴について、次に簡単に述べる。

イメージの特性

1　自律性

既に述べたように、イメージはそれ自身の自律性をもち、自我のコントロールを超えているところが、第一の特徴である。これは夢の場合、非常にわかりやすい。もっとも夢の場合でも、自我の関与が強くなってきて、「これは夢だから、このようにしよう」などと考えるときもあるが、一般には夢のイメージの自律性は非常に強い。

作家が小説を書くときに、「作中の人物が勝手に動き出す」というのは、よく言われることである。作家としては一応の筋書きを考えて書きはじめるが、作中人物の方が筋書きどおりに動いてくれない。これはまさにイメージの自律性である。このような自律性をもたないイメージのみを扱って小説を書くと、それは三文小説になってしまう。イメージは深くから出てくるものほど自律性が高い。そのようなイメージと作者の自我とが格闘して作品ができあがる。この「格闘」の過程に名作が生まれる秘密がある。

夢のようにイメージの自律性が強すぎるときは、それはそのままでは「作品」として売物にはならない。時に、スチヴンソンの『ジーキル博士とハイド氏』のように、作品としての完成度の高いものが夢に生じることがあるが、それは極めて稀である。これにしてもスチヴンソンのような人だからこそ、それだけの夢を見られたのであろう。

イメージの自律性があまりに高いので、それはともかく「自我」の作ったものではないことは明らかなので、その「送り手」は誰か、と考えてみるのも面白いことである。啓蒙主義が威力をふるうまでは、夢の送り手として「神」を想定することは、多くの文化に共通のことであった。夢は神からのメッセージなのである。現代においては「神」を持ち出す人はまず居ないが、ユング派の分析家ジェームス・ヒルマンが、このようなイメージを産出してくる母胎として、たましい（soul）ということを考えてみるのを提唱しているのは、注目に値することと思われる。われわれの意識に（あるいは、身体に）送られてくるイメージの送り手として、心でも体でもなく、たましいというのを考えてみるのは、なかなか人生を豊かにしてくれる発想のように、筆者には思われる。イメージの心理学は、このような考えに立つと、たましいの心理学ということになるだろう。

2　具象性

イメージの具象性は説明を要しないであろう。たとえば、先の夢の例であれば、戸を閉めて犬を入れなくするところがあるが、この人は連想のときに、その日の前日にある先輩に頼みごとをしたところ、「ピシャリと断られた」ことを語っている。つまり、「ピシャリと戸を閉める」という具体的な行為が、拒否という抽象的なことを示している。言語表現においても、われわれはこのようなイメージ的表現を実に多く行っているもので、「重荷を背負う」「背伸びした生き方」「呑みこめない」などと、いくらでもある。このようなことが、そのままイメージとして出てくることがよくあるので注意しておく必要がある。

遊戯療法における子どもの遊びには、イメージの具象性を感じさせられることが多い。これはよくあることだが、子どもがチャンバラをしようと言って、治療者には短い刀をもたせ、自分は長い刀をもち、その上、一メートル以上は近づいてはならないなどとルールを設定してチャンバラをする。もちろん、治療者はやられてばかりになるが、こんなのを見ていると、その子がおそらく、家では、「子どもはそんなことをしてはいけない」とか、大人の都合のよい「ルール」によって、やられてばかりなのだろうと感じさせられる。大人はいつも「長い刀」で切りつけてくるのだ。こんなとき、子どもは一言も話さなくとも、イメージの具象性を通じて、われわれに語りかけているのである。治療者は遊びながら、それを理解することが必要である。

3　集約性（多義性）

イメージは実に多くのことを集約している。先にあげた例の場合であれば、犬について連想をきくと、「犬とか猫とかは大嫌い。すぐ人間に近寄ってくるから」と言う。とすると、この人は自分に接触を求めてくるものを拒否しようとしている、ということが一応考えられる。ところが、なお話し合っていると、子どもの頃は、実は犬が好きで、野良犬を飼おうとして父親に叱られたことを想い出す。そして、先にあげたように、先輩から依頼を断られた前日の体験も想起されてくる。このようになってくると、自分が何かを排除する、ということだけではなく、自分が排除される経験も重なってきて、最初にあげたような単純なことではなくなってくる。いろんなことを集約して、イメージは示しているのである。

モーツアルトは、彼自身は彼の交響曲を一瞬のうちに聴くことができたと語っている。彼の一瞬のイメージ体験を、一般の人々に伝えようとして楽譜に記すと、演奏時間が二十分間にわたるような交響曲になるというわけである。このことは、イメージの集約性ということを如実に示している。

イメージの集約性のために、それの意味は極めて多義的になってくる。夢や絵画、箱庭などの際に、解釈が一義的に定まっていると考えるのは誤りである。先程の夢においても多義的な解釈ができたはずである。このようなとき、「その犬はあなたの父親である」という類の解釈は、どうしてもイメージの意味を歪ませてしまうことが多い。それほど単純に一義的なことは言い難い。このことをよく知っている必要がある。

4 直接性

イメージはその人に直接に訴えかけてくる。先の夢を見た人は、前日に先輩にピシャリとやられ、何だか自分の周囲の人たちがすべて自分を拒否している、というような感じをもちかけていたとき、夢によって、「あなただって、犬を閉め出しているではないか」というメッセージをつきつけられたのである。自分も知らぬ間に誰かを閉め出してはいないか、という反省をこの人は強いられるのだが、そのようなことが直接に伝ってくるところが、イメージの特徴である。

箱庭を作っているときは、その人は別に何も考えていないのだが、作られたものを見て、時に、われわれが「こちらの世界には生物が全然居ませんが」などというと、ハッとしてすごく驚かれるときがある。自分の作ったものが、直接に何かを訴えかけてくるのである。

箱庭療法は一九六五年に、筆者が日本に導入したものであるが、またたく間に広がって、非常に盛んになったことの理由のひとつに、イメージの直接性ということがあると思っている。箱庭の作品をスライドにして示すと、あまり説明しなくても、見ている人には直接に訴えかけるものがあるからである。

5　象徴性

イメージは象徴性をもっている。ただ、イメージとか象徴《シンボル》とか言うときは、学者によってその定義が異なるので、それを筆者はどのように考えるかは、後でもう少し詳しく述べたい。象徴という場合、何かが何かの代理をしていると考えるのは、非常に広義の考え方で、たとえば、夢で刀を見たとき、その刀は男性性器の象徴である、などというとき、それはひとつの代理物である。このような考えを広くとると、事物の名は、事物の象徴である、ということになる。

筆者の場合は、ユングの考えに従っているので、もっと限定した意味になる。ユングは何らかの表現が、ある既知のものを代用し、あるいは、略称している場合、それはシンボルではなく記号であるとした。そして、シンボルについては彼は次のように言っている。「言葉やイメージはそれが明白で直接的な意味以上の何ものかを包含しているときに、象徴的なのである。それはよりひろい〝無意識〟の側面を有しており、その側面はけっして正確に定義づけたり完全に説明したりされないものである。誰もそれを定義したり説明し切ろうと望むことはできない。人間の心が象徴の探求を始めると、それは理性の把握を超えた観念に導かれる」。

シンボルをこのように考えると、それは意識的に明確には把握し得ない「何か」を表現するもっとも適切にして、それ以外にないものとして、非常に高い意味をもつものであることがわかる。従って、イメージはある程度の象徴性をもっているが、そのなかで特に象徴性の高いものがシンボルである、と言えるであろう。

ある表現が、ある人のある時にはシンボルとして機能するにしても、他の人にとっては単なる記号であったり、まったく無意味なものであったりすることになる。たとえば、十字の印は、初期のキリスト教徒にとって、彼らが明確には意識化できぬにしても、限りなく魅力を感じさせる、キリストの愛のシンボルであったろうが、現代人のある人にとっては、それはキリスト教徒であることを示すひとつの記号と見られるかも知れず、たとえば中国の奥地などへゆくと、それは何の意味ももたないかも知れない。

6　創造性

イメージは創造性と結びついている。あらゆる創造活動の背後に、イメージが存在している、と言ってもいいほどである。絵画、音楽、文学、などの芸術とイメージは切っても切れぬ関係がある。発明・発見の世界においても、イメージは重要な役割を演じている。これらの具体的なことについては、本書の後の方で論じることになるであろう。

創造活動などというと、われわれ凡人にとっては無縁のことのように感じられるが、深く考えるならば、毎日毎日の生活が創造活動であるとも言うことができる。会社に行って同僚に会う。同僚たちの目がその日に限って冷たいように思う。隣の課の連中がこちらを見てヒソヒソ話をしているのは、何だか自分のことを言っているように思う。このようなとき、自分の心の中は目まぐるしく動いて、「どうも自分は嫌われている」と思うかも知れず、何か具体的なことに思いあたって、「あの秘密をあんがい皆が知っているのでは」と考えてみたり、あるいは、「気のせいだ」と否定することもあろう。いずれにしろ、「私」は「私」の力によって、ひとつの判断や、それに伴なう次の行動を「創造」していかなくてはならない。

このようなとき、いろいろと考えてみる「考え」の背後において、イメージも動いているのである。そのイメージをある程度把握することによって事態の理解も異なってくるであろうし、更に新しいイメージが生じてくるのを待って、より適切な解答を得られることもあろう。このような考えに立つと、日常の生活にも創造性が常に入りまじっていることがわかり、面白く感じられるものである。

イメージと心的エネルギー

人間にとって、身体的なエネルギーのみではなく、心的エネルギーの存在を考えると、多くの現象がよく理解できる。同じように椅子に一時間坐っていても、「心を使って」いるときは疲労の度合いが強い。身体的には何も支障がなくとも、何もする気がしないときは、心的エネルギーが低下していると考えられる。というよりは厳密に言えば、自我の使用し得る心的エネルギー量が少なくなっている、と言うべきであろう。その際、そのエネルギーは消失したのではなく、無意識内に存在している、と考えられる。しかし、このような心的エネルギーの「退行」が生じてしまって長期間にわたると、無気力になったり、幼児的になったり、病的な現象が生じてくる。そこで、このような退行を病的なものと考えることが深層心理学の初期においては一般的であった。ユングはこれに対して、退行が創造性に結びつくことのあることを指摘して、その肯定的な面の存在を明らかにした。

創造活動から例をあげてみよう。ファンタジー作家の佐藤さとるが、自作の出来あがる過程について語っている。(『ファンタジーの世界』講談社)『海へいった赤んぼ大将』というファンタジー作品において、パワーショベルに恐龍の魂が取りついて暴走をはじめるのを、主人公の赤んぼ大将が相棒のモモンガと共に、何とか災害を食い止めようと努力するところがある。佐藤ははじめ、主人公がパワーショベルを説得し、崖っぷちの道路を思い切り走らせ、急カーブのところでそれは曲がり切れずに海へ墜落、主人公とモモンガはその直前に脱出し、滑空して逃れるという筋書で書こうとした。ところが、まさに「作中人物の自律性」がはたらいて、物語を書いていると、パワーショベルはみごとに急カーブを曲がってしまい、主人公の方が、ふりまわされて海の方へ滑空してしまった。さあ大変である。モモンガも必死になるが救助法は見つからない。

「モモンガはおろおろするが、何のことはない、これは作者の姿そのままだった。

ここで数日手が止まってしまった。なんとか無理なく、しかも読者をあっといわせるような救助法はないものかと、モモンガと一緒に知恵をしぼったが、どうもうまくいかない」

おそらく、この手が止まった数日間、佐藤はユングの言う創造的な退行の現象を経験したのではなかろうか。他のことに何も手がつかずにブラブラしたり、イライラしたり、何か幼稚なことをしてみたり。そして、「考えあぐねてあきらめたとたん、最善と思われる解決法が、自前のコンピューターからようやく届いた」のである。

ここに佐藤が「自前のコンピューター」と言っていることは、「無意識」と言いかえていいだろう。佐藤はどのような解決法が出てきたかについては述べていないが、それは新しいイメージであるに相違ない。その新しいイメージの出現と共に、心的エネルギーは「進行」をはじめ、自我は大量のエネルギーを使用できるようになって、創作活動が続けられ、物語は展開してゆくのである。

ここに示された、退行↓新しいイメージ（シンボル）の発見↓進行、という図式は、創造活動を説明するものとしてよく用いられ、そこでは、心的エネルギーのキャリアーとしてのイメージ（シンボル）の役割が、明らかに認められるのである。この際、新しいイメージが、それまで使用されていなかった新しい心的エネルギーの発掘に通じるという事実も大切なことである。人間は多くの未開発、未使用のエネルギーを潜在させており、それの開発には、シンボルが大きい役割を荷うのである。

ここに示した、心的エネルギーの退行↓イメージの発見↓進行、という図式は、創造活動を説明するためによく用いられてきたが、少し反省してみる必要がある。つまり、心的エネルギーの退行が生じることは事実であるが、それは全面的退行ではなく、創造活動を継続している、という意味において、相当な集中力、すなわち、心的エネルギーの使用を必要としている。しかし、そのときの意識の状態は、一所懸命に何かを書いているときの状態とは異なっている。佐藤が「考えあぐねてあきらめたとたん」に解決法が生まれてきた、と述べているように、どこかで自我の努力を放棄するようなところがある。自我の力のみに頼っているのでは駄目で、自我の統制力を弱めつつ、なおかつ一種の集中力を保つような意識の状態が必要なのである。これは従って、全面的な退行状態とも異なっているはずである。

創造的な退行の図式は、西洋近代に確立された自我の存在を前提とするとき、有効となるものである。西洋近代の自我は、それによって発展させた自然科学の力によって、その強さを示し、一時は、そのような自我を確立することが絶対に必要であり、自我の力によってすべての自然現象を支配できるのではないかとさえ思われるほどであった。自我の力をあまりにも過信し、自我を世界の中心に据えそうになったとき、それに疑問を提出したのが深層心理学であると言えるだろう。自我をあくまで中心に考えると「病的」とさえ言えそうな現象も、観点をかえると創造に通じるものであることを、ユングは主張したのである。しかし、これは、あくまでそのような自我が確立されており、それを唯一の意識の状態と考えるので、このような説明ができるのである。

これに対して、人間の意識が近代自我の意識の在り方と異なるような状態では、説明も異なってくるであろう。ひとつの例をあげる。児童文学者のミヒャエル・エンデの父エトガー・エンデは画家であったが、世に入れられず、有名になることなく死亡した。最近になって、それを惜しんで、ミヒャエル・エンデが父の絵を沢山携えて来日し、日本で「エンデ父子展、エトガーからミヒャエルへファンタジーの継承」を開催した。筆者もエトガーの絵を見たが、それは彼が西洋近代の自我意識とは異なる意識の状態において「見た現実」を描いているものだと感じた。それはシュールレアリストのように、自我の退行した意識によるものでもない。このことをミヒャエル・エンデとの対談のときに指摘すると、彼は非常に喜んで、エトガーはシュールレアリズムではないと言い、「フランス・シュールレアリスムは、意識下の領域でどろどろうごめいているものをさらしだすやり方でした。父の場合はそれと違って、神話の意識を現代のフォルムで再発見することなんだと考えていました」と言っている。そして、その意識状態は「普通の日常の意識よりも、むしろずっと濃密なものです」とも、「父が試みた、空だけれども醒めた意識を作ることは、ものすごい集中力を必要とした」とも語っている。(『三つの鏡』朝日新聞社)

このようにして描かれたエトガー・エンデの絵は極めてシンボル性の高いものである。ところが、これは彼が「見た」ものであることを強調するならば、いったいそれは「内界」のものか「外界」のものか、どちらなのであろうか。この点については次節に論じるとして、ともかく、このような意識の状態は、極めて創造的なものであり、心的エネルギーを大量に必要とするものではあるが、先に示した創造的退行の理論によっては説明し難いものである。この変性意識の問題は、今後いつか論じることとなるが、イメージと心的エネルギーの関連を示すこととして、ここに簡単に触れておいた。

イメージとシンボル

記号、イメージ、シンボルなどについて、どう考えるかは、既にユングの考えに従って述べた。ファンタジーという用語も、ここで論じているイメージやシンボルを代用する語として、ユング派では用いられることがある。いずれにしろ、大切なことは、それらが「無意識」から生じてきたもので、それ相当の自律性を有している、ということである。これは、ファンタジーという場合、意識的な願望と結びついて、「もしも、千万円の宝くじがあたったら」などと考えるようなのを指して言う人があるが、それとは区別して考えているのである。単なる空想の場合は、既にイメージの特性としてあげたようなことが、それほどに感じられないであろう。

自我にあくまでも中心をおくならば、イメージやシンボルは無価値であったり、むしろ、有害のものでさえある。それは自我の統合性や主体性を脅かすものとして感じられるからである。イメージやシンボルは、既に述べたように「私」性の強いものである。「私」の体験（これは自我の範囲を超える）によって得たイメージやシンボルが他に対して表現され、それに対して相互主観的な同意が得られるとき、それはそれを受け入れた集団にとって意味あるものとなる。このようなことのために、宗教にあっては、イメージやシンボルは極めて大事なものであった。ところが、「私」の体験を経てある程度の普遍性をもったイメージやシンボルを、その集団をこえて正当性をもつもの、あるいは絶対真なものとして主張する、あるいは、ある個人が「私」の体験によって得たイメージやシンボルを、絶対真なこととして他に押しつけてくるとなると、どうなるであろうか。

近代に確立された自我は、そのようなイメージやシンボルの欠点に対して極めて敏感となった。そして、近代自我がその武器として使用した近代科学は、その普遍性のために、極めて強力なものとなった。近代科学によって、イメージやシンボルにまつわる「迷信」はどんどん破壊され、イメージやシンボルの価値そのものさえ見棄てられるようになった。それまでは、神からの贈物とされていた夢が、啓蒙主義の力によって、まったくのノンセンスということになってしまったのを見ても、その経過がよくわかるであろう。あるいは「心理学」において、筆者が問題にしているようなイメージやシンボルは研究の対象外のこととなっていたのである。

しかし、前回に既に論じたように、人間が他ならぬ「私」（自我を超えた存在としての）ということを問題にするときに、イメージやシンボルということを重要なこととして、取りあげざるを得なくなってきたのである。深層心理学の幕あけが、今世紀のはじまりであったことに示されているように、今世紀はイメージの価値を再認識する時代であったように思われる。この点について、宗教学者のエリアーデは次のように述べている。

「今日、われわれは、十九世紀が予感すらできなかったあることを理解しつつあるのである。つまり、シンボル、神話、イメージが精神生活に必須な資であること、われわれはそれらを偽装し、ずたずたに切断し、その価値を下落させることはできても、根絶やしにすることはけっしてできないことを学びつつあるのだ」（『イメージとシンボル』せりか書房）

エリアーデが言うように、十九世紀の西洋において行われたシンボルの破壊に対して、二十世紀は、それによっても「根絶やしにすることはけっしてでき」なかったシンボルを再び取りあげる努力をしてきた。しかし、それは当時の時代精神を反映して、フロイトにしろユングにしろ、ニュアンスは異なるにしろ、彼らのなしていることが「科学」であることを主張しなくてはならなかったのである。ユングの方は晩年になるほど、彼の仕事の宗教性との関連の深さについて自覚していたのであるが。

論をすすめてゆく上において、近代自我の視点に立つことは極めて便利である。筆者もどうしても、そのような方法に頼らざるを得ないことを自覚している。イメージを、外界の模像と内界の表現というように分けて考えるのも、その線に沿っている。そして、だんだんと視点を移動させ深層へとすすんでゆく方法をとっている。しかし、エトガー・エンデの意識について既に述べたような観点から考えてみると、そのような意識においてエンデが見ているイメージは、単純に「外界の模像」とか「内界の表現」などという分類を許さないものとなる。つまり、外界・内界などという区別さえ曖昧になってくる。

このようなことも勘案すると、イメージについて外界とか内界とかの区別は不必要であり、ある特定のイメージ群（つまり、近代自我によって見た）に対する特定の接近法から、いわゆる自然科学が生まれたきたが、イメージの「私」性に注目しつつ、ある種の意識変容を行いつつ見たイメージ群について、「私」を通じて普遍に到る接近法を用いて語るのが、宗教である、と言うことになる。従って、このあたりのことを慎重に少しずつつめて考えてゆくと、十九世紀において、敵対的に感じられていた宗教と科学ということが、イメージやシンボルの領域において、相当に接近してくるのである。おそらく、二十一世紀はその仕事が大いに行われるのではなかろうか。イメージやシンボル研究の重要性が感じさせられる所以である。このことを予感して、二十一世紀は宗教の時代である、などと言う人も出てきているのではなかろうか。

神話・伝説・昔話

物語ること

人間は物語ることが好きである。自分のことは暫らく棚にあげておくとして、周囲に居る人の誰かを例に考えてみると、このことがよくわかるであろう。たとえば、X教授。酒に酔うと若いときの思い出話がでる。学問的なことで、当時皆から恐れられていた主任教授に楯ついてゆく。教授は機嫌を悪くするし、周囲の者もそんなことはしない方がよいと忠告してくれる。しかし、ここで自説を曲げるのは学問的良心に対して恥であると思い頑張る。以後、暫らくは教授が口もきいてくれず、随分と苦しい想いをしたが、頑張り抜いていると、ある日のこと、教授が「やはり、君の説の方が正しい。よく頑張ったね」とほめてくれ、関係は良転するし、自分も頑張り抜いてよかった。ざっとこのような話が繰り返し話される。聞かされる方は、またか、と思うが、一応は感心しながら拝聴する。

ここで、X教授の語っている若き日の自分の姿は、典型的な「英雄」のひとつのイメージである。皆が恐れている対象に対して、正しいことを主張して立ち向ってゆく。しかし、主任教授が口もきいてくれないという、試練が語られる。ここで、英雄の孤独の方に強調点がゆくと、年来の友人たちも教授の肩をもったなどということがつけ加わってくる。そして、最後のところでは、主任教授がそれまでの怪物的イメージを変容させて、老賢者的なイメージとして現われてくる。

誰しも「得意のお話」というのを持っている。自分のことをここで思い出してみると、「得意の話」というのは、何度も話をしているうちに、少しずつ変貌して、何かある種の「型」のようなものを持ちはじめることに気づくであろう。もっとも、そんな変貌に自ら気づくよりは、記憶そのものが変化してしまっていることも多いであろう。

このような例に接していると、無意識の「神話産生機能」ということを考えさせられる。神話産生機能と言うのは、エレンベルガーが『無意識の発見』（弘文堂）のなかで、無意識の機能のひとつとしてあげ、今後、もっと研究すべきであると示唆していることである。つまり、人間の無意識は、お話をつくるはたらきをもっている、というわけである。さきにあげた、X教授の若き日の英雄像の話は、彼個人の「神話」として、無意識が生産したものだ、と考えるわけである。

X教授の話を、「またか」と思って聞くという表現をしたが、このようなことは常にそうなるとは限らない。たとえば、X教授を尊敬する弟子のグループであれば、その話を何度聞いても、皆が感心するかも知れない。あるいは、そのなかの一人は、新しくグループに加わってきた人間に対して、X教授の「逸話」として、それを得意気に語るだろうし、それを語っているうちに、自らの「神話産生機能」のはたらきによって、話に尾鰭を付けるかも知れない。つまり、物語というものは語るのも、それを聴くことも好かれ、それなりに変貌も遂げてゆくものである。

自分が釣に出かけ、思いがけない大きい魚を釣ったときの例を考えてみよう。それを人に告げるときに、「この位の大きい魚」、と手で示してみたり、「釣竿がこんなにまがって折れるかと思った」と語ったりするが、それを伝える相手によって、こちらの表現が微妙に変化していることに気づくであろう。実際に釣った魚より、よほど大きい魚のように手で示したり、それほどでもなかったり。これは、われわれが相手に一番伝えたいのは、それを釣ったときの「自分の体験」そのものであって、魚の大きさではないからである。思いがけないものが釣れた喜び、その感動、それが伝えたいのだから、やはり相手によって表現も変ってくるのである。

このようなことを考えると、神話・伝説・昔話などに、まったく非現実的なことが物語られることが了解されてくるのである。親指ほどの子どもが大活躍をしたり、白鳥が乙女に変身したり。父親から子どもが生まれたり、時には魔法の力によって、変身したり、これらのことが、長い期間にわたって語りつがれてきているのも、それを語ることや聴くことに、人間が大きい価値を見出しているからであると思われる。

特に、昔話の場合は、何ら文字によって記録されていないのに、口承によって伝えられてきたのだから、その意義の深さがわかる。それと、もうひとつ注目すべきことは、先のX教授の例の際に、話に尾鰭が付くと述べたが、それはあくまで「尾鰭」であって、本体を変えるような変化はなかなか生じない、という事実である。荒唐無稽な話のようでありながら、それはそれほど勝手に変えられない性質をもっているのである。

たとえば「猿聟入」と呼ばれる日本の昔話がある。猿が人間の娘に求婚し、結婚するのだが、結局は猿が人間の知恵によって殺されてしまう話である。この話のなかで、猿はむしろ人間に役立つようなことをして居るのに、最後はだまされて殺されるのだから、何だか可哀そうな気さえする。ところで、日本は先進国のなかでは珍しく、つい最近まで、昔話が語りつがれてきた国なので、実際に話されている昔話を「採集」できる利点をもっている。そこで、多くの昔話研究者によって昔話が日本国中より採集され、それが、たとえば、関敬吾編『日本昔話大成』(角川書店)などに収録されている。このなかの「猿聟入」のところを見ると、まさに日本国中から実に多数の話が集められているのだが、そのなかで猿が人間に変身して、結婚は幸福な始末となる、という話が、ただひとつしかない(広島県甲奴郡の話。ここでは猿ではなく猪になっているので、厳密に言うと「猿聟入」ではない)。人間が動物と結婚しそうになるが、動物が立派な男に変身する昔話は、ヨーロッパに多くあり、それらは明治以後、どんどん日本に輸入されている。従って、このような影響を受け、猿聟入の話をハッピーエンドのものに変えようとすれば、それは一見簡単なことのように見えるが、実際にはそのようなことが生じずに、もともとの話は本質的な変更がなく伝わっている。このようなところも、物語りというものの大切な性質として注目すべきである。

釣った魚について語るとき、釣れたときの自分の体験を伝えることが大切であると述べた。つまり、心のなかの現実が大切なのである。そう考えると、金の魚や銀の魚を釣るとか、魚に引っぱられて自分も池のなかに沈んだ、などという「お話」も納得がゆくのである。それはその人の心の現実を表わすのに、もっとも適切なイメージなのである。

ここで、心の現実というとき、実際に釣をして、一匹の魚を釣り、そのときの体験を表現しようとして「金の鯛を釣った」というイメージが生じるときと、まったく釣の事実はなくとも、ある「心の現実」を表現するのに、「金の鯛を釣った」というイメージが生じるときとがあることを知っておかねばならない。従って、われわれが神話・伝説・昔話などを研究する際は、いろいろなアプローチが可能であり、それを通じて、何らかの史実や風俗、習慣の存在を類推することもできるだろう。しかし、筆者が専ら関心をもっているのは、心の現実との関連においてなのである。このことは、その他のアプローチを排除したりするのではなく、それぞれの方法によって研究することが可能と思われる。「心の現実」を示すイメージとしては、夢というものがある。夢についてはまた詳しく論じるが、昔話などの物語が、ある個人の夢を素材として出来あがってくることも、十分に考えられる。あるいは、「心の現実」という場合に、その層が深くなると、それは一種の超常的体験となり、幻像《ヴイジヨン》としてそれを見ることもあるだろう。そのような、ある個人の体験が、伝説・昔話・神話などの素材となることは十分に考えられることである。

ユング派の分析家で、昔話の研究家として名高い、フォン・フランツは、ある個人の体験が伝説や昔話として成立してゆく過程を示す例をあげている（フォン・フランツ『おとぎ話の心理学』創元社）。十九世紀のある家族年代記に、ある粉屋が狐撃ちに出かけ、一匹の狐を見つけて撃とうとすると、狐が「撃たないで下さい」と言った。驚いて家に帰ってくると、水車がひとりでに回っているので、また驚いてしまう。そして、その二日後に彼は死ぬ。このような「記録」を読んだ人がその村に行き、水車小屋のことについて訊ねると、小屋はもうつぶれてしまっていたが、ある村人が、「粉屋の叔母が魔女で、狐に姿を変えて、粉屋を殺してしまった。しかし、葬式の当日にそのことがバレてしまって、叔母さんは真青になった」、などという「お話」をしてくれたのである。つまり、ある粉屋さんの体験した超常的な現象に尾鰭がついて、ひとつのお話としてまとまって行くのである。

この際に、「あのつぶれた小屋に、昔、ジュゼッペおじさんという粉屋が居て……」という風に話がはじまると、これは「伝説」になるが、「昔々、ある粉屋さんが居て……」というはじまり方になると、それは「昔話」になってゆく。実際、この村人のなかには、そのような話し方をする人もあったようである。「昔々、ある粉屋が……」という形になると、その話は別にこの村に限定することなく、どこで話をしても通じる話なのである。

このような例を見てわかるとおり、ある昔話や伝説の基となる事実がつきとめられそうになったり、推測されたりすることが可能なときがある。あるいは、類似の昔話が広く存在しているときに、「一番最初の話」は、どこから発生してきたかに興味をもつ人もある。このような点から、すべての昔話のオリジンがインドにあるとか、バビロニアにあるとか、日本の神話はどこから伝播してきたものであるか、などの問題が研究の課題となることもある。しかし、筆者が問題としているのは、物語を産出する「心の現実」を知りたいということなのである。そこに語られるイメージを通じて、心の現実を知ろうとするのである。このことは前述したような研究と矛盾したり、相反したりするのではなく、それぞれがその役割を持つものと思われる。

心の現実のイメージとして神話などを「研究」することは、極めて困難なことである。ここには二重の困難さがある。まず一般に「研究」と言う場合、研究者の主観的要素をできるだけ抜きにして行なうことになっている。しかし、そのようなことになると、イメージのもつ生命力が消え失せてしまう。話を聴いたときの自分の心の動きを対象にいれてこそ、イメージとしての研究が成立するはずなのである。次の問題は、現代において「心の現実」と言っても、その「心」を通常の意識とイコールであると考える人が多いからである。これらの人は、昔話の内容などはすべて「非現実」「異常」などの言葉によって片づけてしまうであろう。近代人は、自然科学の力の凄さにあまりにも関心しすぎたため、近代の自然科学を生み出した意識のみを、唯一の正しいものと考え、その他の意識を排除してしまったのである。このような態度で、神話などを「研究」することは、もちろん可能であるが、それでは、われわれが課題としているイメージ研究は不可能になり、それが「心の現実」と関連している、ということも了解できないであろう。このような点について、もう少し異なる観点から説明してみることにしよう。

コスモロジー

人間がこの世に生きてゆくためには、いろいろなことをしなくてはならない。自分を取り巻く環境のなかで、うまく生きてゆくためには、環境について多くのことを知り、その仕組みを知らねばならない。このために、自然科学の知が大きい役割を果す。自然科学の知を得るために、人間は自分を対象から切り離して、客体を観察し、そこに多くの知識を得た。太陽を観察して、それが灼熱の球体であり、われわれの住んでいる地球は自転しつつ、その周りをまわっていることを知った。このような知識により、われわれは太陽の運行を説明できる。

このような自然科学の知は、「自分」を環境から切り離して得たものであるから、誰に対しても普遍的に通用する点で、大きい強みをもっている。自然科学の知はどこでも通用する。しかし、ここで一旦切り離した自分を、全体のなかに入れ、自分という存在とのかかわりで考えてみるとどうなるか。なぜ、自分はこのような太陽の運行と関連する地球に住んでいるのか。自分は何のために生きているのか、などと考えはじめるとき、自然科学の知は役に立たない。それは、出発の最初から、自分を抜きにして得たものなのだから、当然のことである。太陽の動きや、はたらきは、自分と無関係に説明できる。しかし、他ならぬ自分という存在と、太陽とは、どうかかわるか。

太陽と自分とのかかわりについて、確たる知を持って生きている人たちについて、ユングは彼の自伝のなかで述べている（『ユング自伝II』）。ユングが旅をしてプエブロ・インディアンを訪ねて行ったときのことである。インディアンたちは、彼らの宗教的儀式や祈りによって、太陽が天空を運行するのを助けていると言うのである。「われわれは世界の屋根に住んでいる人間なのだ。われわれは太陽の息子たち。そしてわれらの宗教によって、われわれは毎日、われらの父が天空を横切る手伝いをしている。それはわれわれのためばかりでなく、全世界のためなんだ」とインディアンの一人は語った。彼らは全世界のため、太陽の息子としての勤めを果していると確信している。これに対して、ユングは次のように『自伝』のなかで述べている。

「そのとき、私は一人一人のインディアンにみられる、静かなたたずまいと『気品』のようなものがなにに由来するのかが分った。それは太陽の息子ということから生じてくる。彼の生活が宇宙論的意味を帯びているのは、彼が父なる太陽の、つまり生命全体の保護者の、日毎の出没を助けているからである」

インディアンたちは、彼らの「神話の知」を生きることによって、ユングが羨望を禁じ得ない「気品」をもって生きている。これに対して、近代人は何とせかせかと生きていることか。近代人は豊かな科学の知と、極めて貧困な精神とをもって生きている。ここで、インディアンたちが彼らの神話の知を、太陽の運行にかかわる「説明」として提出するとき、われわれはその幼稚さを笑いものにすることができる。しかし、それを、自分をも入れこんだ世界を、どうイメージするのかという、コスモロジーとして論じるとき、われわれは笑ってばかりは居られない。

自然科学の知があまりに有効なので、近代人は誤って、コスモロジーをさえ近代科学の知のみに頼ろうとする愚を犯してしまったのではなかろうか。自然科学の知をそのまま自分に「適用」してコスモロジーをつくるなら、自分の卑小さ、というよりは存在価値の無さに気落ちさせられるであろう。自分がいったい何をしたのか「計量可能」なものによって測定してみる。相当なことをしたと思う人でも、宇宙の広さに比べると無に等しいことを知るだろう。特に、死のことを考えると、それはますます無意味さを増してくる。

このあたりのことにうすうす気づいてくると、自分の存在価値を見出すために、安易な「神話」でもつくり出すより仕方がなくなって、「若いときには」自分はどうした、こうした、というような安価な「神話」を語って、近所迷惑なことをする。あるいは、宗教家という人たちも、コスモロジーについて語るよりは、安易な道学者になってしまう。つまり、「よいこと」を、これほど沢山している、というくらいのことを誇りとしないと、自分の存在価値を示せないのである。

古来からある神話を、事象の「説明」であると考え、未開の時代の自然科学のように誤解したため、神話や昔話などの価値を近代人はまったく否定してしまった。確かに自然科学によって、自然をある程度支配できるようになったが、それと同じ方法で、自分と世界とのかかわりを見ようとしたため、近代人はユングも指摘するように、貧しい生き方、セカセカした生き方をせざるを得なくなったのである。

もちろん、だからと言ってわれわれはすぐに、プエブロ・インディアンのコスモロジーをそのままいただくことはできない。われわれは既に多くのことを知りすぎている。われわれとしては、自分にふさわしいコスモロジーをつくりあげるべく各人が努力するより仕方がないのである。われわれは、エレンベルガーの表現を借りるなら、自分の無意識の神話産生機能に頼らねばならない。しかし、そのことをするための一助として、古来からある神話や昔話を「非科学的」「非合理的」ということで簡単に排斥するのではなく、その本来の目的に沿った形で、その意義を見直してみることが必要であろう。

神話・伝説・昔話

神話はものごとを説明するためにあるのではない、「基礎づける」（begrüden）ためにある、と言ったのは神話学者のケレニーである。これはなかなかいい表現である。日本語の「腹におさまる」というのもいいかも知れない。それは「頭でわかる」のとは異なるのである。ところで、神話・伝説・昔話とあるなかで、神話は特にそれを持つ民族や国家という存在を基礎づけるのに役立てられてきた。たとえば、日本の神話であれば、『古事記』や『日本書紀』が編纂された当時は、日本が独立したひとつの国家であること、天皇家が日本の国を統治することの正当性を主張するという目的がそこに存在していることが明らかである。

従って、神話の場合は「無意識の神話産生機能」に頼るにしろ、それをつくりあげてゆくときの意識的な彫琢の度合いが大きくなってくる。われわれが神話を研究する際に、このことをよく認識しておく必要がある。その神話を生み出した文化的背景について知っていなくてはならない。なお、神話はそもそも相当に意識的な産物であるために、意図的に利用される危険性も高い。日本人は第二次大戦の際に痛い経験をしているが、神話が「説明原理」として用いられる愚を犯すことになる。神話がまるで自然科学のように、あちこちに「適用」できるような錯覚を起こす。これが前近代的誤りであり、先に示した近代人の科学の知を神話の知として用いる誤りと好対照をなしている。

伝説は特定の場所、事物、人間などと結びついている。たとえば、わが国の『風土記』を見ると、そのような話に満ちている。そのお話によって、何の変わりもない場所や事物が「特定され」「基礎づけられる」のである。ところが、それが昔話となると、それらの特定性を喪失する。「昔々、ある所に、ひとりの男が居ました」という始まりは、時も場所も人物も不特定であることを示している。こんな点で、前述したフォン・フランツは、無意識の研究のための素材としては、昔話の方が神話や伝説よりも優っていることを強調している。

神話・伝説・昔話を以上のような観点から整理してみると、神話は民族や国家のアイデンティティに、伝説はそれに語られる特定の場所、事物、人物などのアイデンティティに、昔話は民衆のアイデンティティにかかわってくるものと言うことができるであろう。現代人は自分自身のアイデンティティのために、他からのお仕着せではなく、自らの力で自分の神話を見出してゆかねばならない、ということができる。

神話は文化的な構造と結びついて存在しているが、その文化が衰退したりすると、堕落して昔話となったりするのではなかろうか。あるいは、既に示したように、ある伝説がその特定のものとの結びつきを切って昔話として広くひろがってゆくこともある。しかし、これは逆のこともあると思われる。ローカルな伝説がより広範囲にわたる神話になる。あるいは、ある民族の間で話されていた「お話」が、神話や伝説になってゆくこともあろう。

たとえば、日本の昔話としてよく知られた「浦島太郎」は、もともと『日本書紀』には、史実の如くに記述され、『丹後風土記』になると、伝説という感じになってくるが、この話が変遷を重ねて、今日、一般に知られているような昔話になる。浦島の場合は時代と共に変ってゆく様がその時々の文献に記されているので、変化の跡づけができて興味深い。この点については既に他に論じたので（拙著『昔話と日本人の心』岩波書店）、今は省略するが、その他の話でも、このようなことを丹念に行なうと面白い発見があろうと思われる。

浦島の例をあげたが、『風土記』は伝説の宝庫とも言うべきで、数多くの伝説が語られている。そのなかには記紀の神話と関連の深いのもあるし、多くが日本昔話のモチーフのなかに流れこんでいる。神話・伝説・昔話の関連を見る上で興味深いことである。そのようなモチーフのなかで、風土記には何度も出てくるが、昔話には一切出て来ないもの、その逆に、昔話にはよく出て来るモチーフで、風土記には一切語られないものもある。もちろん、風土記と言っても多くは散逸し、現存のものだけを対象としてのことだから、にわかに一般論は述べにくいが、一応考えてみる価値のあることであろう。

そのような問題のなかのひとつとして、昔話には継母の継子いじめの話が多くあるのに対して、風土記には一切それがないという事実がある。母親のネガティブなイメージとしての継母は、世界中の多くの物語に登場する。ただ、グリムの昔話の場合にはよくわかっていることだが、白雪姫やヘンゼルとグレーテルなどの母はもとの話では実母だったのだが、それがあまりにも子どもに対してひどいというので、グリムが継母に変更したのである。従って、継母という形で昔話に登場するのは、日本においてももう少し時代が下るのかも知れないが、ともかく、継母とか実母とかにかかわらず、風土記においてはネガティブな母親イメージがあまり登場しない。このあたりのことは、わが国における母親イメージを考える上で何か手がかりを与えるものか、とも思われるが、現在のところ確たる考えをもっていない。

神話・伝説・昔話は、既に述べたように、それらが人間存在を深く基礎づける役割を持つという点からも、人間の心の深層の内容にかかわっているものである。しかし、神話や伝説が既に述べたように、人間の表層意識と関連を相当に持つのに対して、昔話の方がより普遍的な深層とのかかわりが深いと思われる。これについてフォン・フランツは、「おとぎ話は、最も一般的で同時に基本的な、人間的構造の表現だ」と述べ、「おとぎ話は文化的人種的相違を超えているので、容易に伝播します。

おとぎ話のことばは、全人類――あらゆる年齢、あらゆる人種や文化――の国際語のようにみえます」とさえ述べている（フォン・フランツ『おとぎ話の心理学』）。

文化差

先に示したフォン・フランツの言葉は、神話・伝説に比して昔話の特徴を述べているのだが、実際には、昔話においても相当な文化差が存在するのが実状のように思われる。確かに、話を構成するモチーフには、人類に普遍的と言えるようなものもあるし、フォン・フランツの言うような「全人類の国際語」という感じもあるが、それが物語として形成されるとき、文化の差があんがい大きく作用してくるのである。

その一例として、これは既に他に発表したことであるが（拙著『昔話と日本人の心』）、その差があまりにも明瞭に見られるものとして、日本の「鶴女房」とグリムの「からす」（KHM93）の比較を取りあげてみよう。鶴女房の話は一般に「夕鶴」の話としてよく知られていることとして、ここには繰り返さない。話の中心に鶴が女性に変身して男性と結婚するというモチーフがある。そこで、女性がからすに変身する昔話として、グリムの「からす」を取りあげたのである。話の骨組だけを要約すると次のようになる。ある王女が母親の呪いによって、からすにされてしまう。からすは森に住んでいたが、そこに来た一人の男に、自分はもと王女であったことを告げ、自分を救済するための仕事を依頼する。男は失敗もするが、からす（王女）の助けによって仕事を成就し愛の証しを示し、からすは王女に変身する。そして、二人の婚礼というところで、めでたく話が終る。

この話の展開をわが国の「鶴女房」と比較すると、表に示したように、よくこれほどまでに逆の話がつくれたものだと思えるくらいの著しい対比が認められるのである。「鶴女房」で男が鶴を助けるところ、また「からす」で、母の呪いによって王女がからすにされるところを伏線と見て、男女の出会いのところから、起承転結を見てゆくと、表のような対比が浮かんでくる。女性の本性という点では、日本の場合は、もとは鶴であったのが女として登場するのに対して、西洋の場合では、もとは女性であったのが、からすとして登場するのである。そして、前者では「本性隠し」を前提として結婚が行なわれるのに対して、後者では、からすは「本性を顕わす」ことによって男性の救いを期待する。そして、話のクライマックスになされる仕事は、一方は女の仕事であるのに対して、他方は男の仕事

	起	承	転	結
鶴女房	女が男を訪ねる	女性のプロポーズにより結婚	女の仕事（男の妨害）	女の本性が露見し離婚
からす	男が、からすに会う	からすは自分の本性を告げ、救済を依頼	男の仕事（女の援助）	男の仕事の成就により結婚

「鶴女房」と「からす」との対比

である。結末の対比は顕著なもので、日本の場合、女（鶴）の本性が露見して、離婚という悲劇的結末になるが、西洋の場合は、結婚というハッピーエンドになる。

これをどう解釈するかということは、大きい問題であって、ここに簡単に述べることはできない。このことは東西の文化差を考える際に、筆者にとっては原点となったと言ってもいいほどのことで、その解釈については、前記の拙著を参考にして頂きたい。ただ、ここで強調したいことは、女性のイメージと鳥《とり》のそれとを重ね合わすという同じ心のはたらきを持ちながら、それが昔話としてつくられてくると、これほどまでの文化差を示すということである。今はここに取りあげないが、ここでアフリカの昔話などを、ここに比較として持ち出してくると、もっとその差の大きいことに驚かされる。

昔話でさえ、このような差があるのだから、神話となるともっと大きくなってくる。たとえば、キリスト教神話と日本の神話を比較すると、誰が見てもその差は歴然としているであろう。この世界を唯一の神が創造したと述べる神話と、そもそも神が「ひとり神として成る」と語られる神話とでは、そのすべてについて差が認められてくるのである。

しかし一方、神話を比較すると、著しい類似が認められることも事実である。日本神話と、エジプト神話、ギリシャ神話、北欧神話などとを比較すると、そこには思いがけない類似が存在していることがわかる。たとえば、日本神話のアマテラスの天岩戸神話は、ギリシャ神話のエリューシスの神話と、そっくりと言いたいほどの類似を示している。

これらのことを踏まえて考えることは、現代が国際化の時代である、ということである。交通機関の著しい発達と経済的発展が相まって、今や未曾有の国際化の時代になった。しかし、それに伴なって、いろいろな「文化摩擦」の問題が持ち上がっている。もちろん、最初の頃はちょっとした風俗習慣の違いなどによる戸惑いも少なくなかったが、そんなことは、今では相当に解決されていると言ってよいだろう。しかし、国際交流の度合が深くなるほど、その摩擦も深くなってくる。われわれが相互理解という場合、それがどの程度のものかが問われるのである。そのときに、ここに示したような、人間の心の深層におけるイメージの在り方の差について考えることが必要となってくるのではなかろうか。

人間は人間としての普遍性の上に立っている。そのことがわれわれの相互理解の基盤になっているのだが、いったいその基盤とはどんなものなのか。そして、そのような共通の普遍のものが、個々の文化のなかで意識的に形を与えられてゆくとき、既にその一端を示したような差が生じてくるのだが、それをよく認識し、その意味について深く考えることが必要となってくる。このように考えると、古くさい神話・伝説・昔話などの研究が、極めて現代的な意味をもつことがわかってくるのである。

イメージと元型

個より普遍へ

　イメージの心理学は、「私」の心理学であると、これまでに述べて来た。しかし、それが文字どおり「私」のこととして止まっている限り、他人に対して意味をもたないのは当然のことである。「　」つきで示した私というものは、単なる私であることを超えて、思いがけず他とつながり、多くのことを共有しているのである。

　ユングは一九一二年の頃、フロイトと別れてから、彼が「方向喪失の状態と呼んでも、誇張とはいえない」というような不安定な状態に陥る。彼は妄想や幻覚や、一般の精神科医なら精神分裂病と診断をしそうなほどの病的体験をする。例をあげると、彼は一九一三年の秋、ひとりで旅行中に次のような幻覚に襲われる。

「私は恐るべき洪水が北海とアルプスの間の北の低地地方をすべておおってしまうのを見た。その洪水がスイスの方に進んでくると、われわれの国を守るために山がだんだんと高くなっていった。私は恐ろしい破局が進行しつつあることをさとった。私は巨大な黄色い波や、文明の残がいが浮いているのや、無数の多くの溺死体を見た。すると海全体が血に変った。この幻覚は一時間続いた。私は困惑し吐気をもよおした。私は自分の弱さを恥かしく思った。」(『ユング自伝』I)

何とも凄まじい内容であるが、ユングは類似の内容の幻覚や夢をその後も引き続き見る。ところが、一九一四年八月に第一次世界大戦が勃発した。このときに、ユングはこの世界的な大事件と自分の体験とを関連づけて、次のように『自伝』に述べている。「ここに至って私の仕事は明らかとなった。つまり、いったい何事が生じたのか、私自身の経験がどの程度人類一般のそれと一致していたのかを理解しようと努めねばならないということである。そこで、最初の仕事は、私の心の深さをさぐることであった」。

ここで彼は彼の凄まじい幻覚が第一次世界大戦を予告したとも言っていないし、彼が世界の苦悩を引き受けて苦しんでいるのだとも言っていない。そのような考えは、自分の内的体験と外的な体験を同種のものと見なして、その因果関係を見出すものであって、方法論的に誤っている。「私自身の経験がどの程度人類一般のそれと一致していたのかを理解しようと努め」るのは、あくまで彼が自分にとっての意味を(他との関連においてではあるが)、探り出そうとしていることを示している。「私の心の深さをさぐる」ことが課題であったと彼も言っている。

このようにして、彼は自分の内界の探索を続けていったが、それは危険極まりないものであった。自分の過去や現在の生彼が夢や幻覚で体験することとは、彼の日常生活とはかけ離れたものであった。

活と関連づけて理解しようとしても不可能であった。しかし、ユングがそれまでに関心を持っていた神話や古代の宗教に関する知識が役立ってくれた。ユングの見た夢や幻覚は、あくまで彼個人のものではあるが、それと類似の内容を古代の宗教や神話のなかに彼は見出すことができた。

ユングはこのような長期にわたる無意識との対決から脱け出し、心の平静を取り戻しつつあるとき、自分の心の状態を表現するのに、言語を用いるよりもイメージによる方が適切であると感じて、多くの絵や図形を描いた。それらの多くは彼の死後出版されたので、見ることができるが、そのなかに、いわゆるマンダラ図形がある。ユングは当時、仏教の密教で用いる曼荼羅《マンダラ》のことなどまったく知らなかったのであるが、自分の心を表現することと、そのような表現によって心の安定が得られることとのため、ともかく、彼はひたすら描いたのである。『自伝』によると、一九一八―一九年の頃、彼は「どのくらい多くのマンダラを描いたかは、もはや覚えていない。ともかく、沢山のものであった。それらを描いている間、疑問がくりかえし生じてきた。この過程はどこへ導かれるのであろうか」と迷いながらも、円や四角形を基調とする多くの図形を描き続けていった。

ユングはその後、自分の患者に対しても絵を描くことをすすめた。そうすると、彼が何の示唆も与えていないのに、患者がその回復期にマンダラ図形を描くことがわかってきた。それでも当時のヨーロッパではそのようなことを言う人が誰も居なかったので、ユングは世に発表することを控えていた。

ところが、一九二七年に中国に居るドイツ人のリヒャルト・ヴィルヘルムが中国の道教の錬金術の論文を送ってきて、そこにはマンダラに関する知見が述べられており、ユングは彼が西洋において一人で経験したと思っていたことが、実に普遍的なひろがりをもっていることを知って驚喜したのである。彼はそこでマンダラ図形について発表することになるのである。

「私」の体験を深めてゆくと、最初のうちはまったく個人的なものであるが、それはだんだんに普遍性を帯びてきて、人類に共通と言えるほどのものとなってくる。ユングはこのような体験を踏まえて、人間の無意識は個人的無意識と普遍的無意識という層に分けて考えられると主張した。その個人が体験しながら抑圧してしまった個人的な無意識と、その個人の経験とは関係なく、人類に共通に存在する普遍的無意識が存在すると考えた。もちろん、この中間に家族的無意識、文化的無意識などの存在を考えることも出来ようが、ともかく、無意識に個人の経験と無関係な層があると考えるのが特徴的である。ユングの体験した多くの夢や幻覚は、この普遍的無意識から産出されたものと考えたわけである。

元型とは何か

ユングもその患者たちも、東洋のマンダラのことなどを全然知らず、それと類似のものを描いていたのであるが、ユングはこのように無意識から浮かびあがってくるイメージを研究すると、それらがある種の類似性をもつものとしてまとめられ、分類されることに気がついた。

現代人の治療のなかに生じてくる、夢、妄想、幻覚やユングが開発した能動的想像（active imagination）などによって得られるイメージが、世界の神話・伝説・昔話などによく生じるものと著しい類似性を示し、それらは人に強烈な印象を与え、影響力を持つものであることを、ユングは見出してきた。そのようなイメージを彼は最初、原始心像と呼び、後には元型的心像と呼ぶようになった。つまり、そのような類似のイメージを生み出してくる元型（archetype, Archetypus）が、人間の無意識内に共通に存在し、それが意識化されてイメージとなるとき、その個々の場合によって、それぞれ異なってはいるが、その元型としては同一のものを仮定し得ると考えたのである。

ユングは自分のことを「経験主義者」と呼んだりしているが、彼の元型の考えも、何よりも彼自身の「創造の病い」の体験に基づく自己分析、および、その経験を生かした患者の治療による実際経験を踏まえて出てきたものである。彼が急に思弁的に「元型」という概念を押し立ててきたのではなく、沢山のイメージを実際に見て、それを元型的なものとして把握することにより治療を行なってきた結果である。しかし、彼が厳密な意味において「経験主義者」であれば「元型」などということは言えなかったはずである。と言うのは「元型そのもの」は、定義によって、人間が経験することができないからである。人が経験できるのは元型的イメージである。

ユングは特に初期の頃は、この辺のところをあまり厳密に考えていなかったため、原始心像、元型的イメージを元型そのものと同等に扱うような発言をしているので、混乱や誤解を余計に大きくしてしまった。ユングは、自分の主張した「元型」ということがよく誤解されることを嘆いているが、その責任の一端は彼にもあると思われる。
「元型」ということが一般になかなか理解されなかったのは、元型的イメージの体験をする人が少なかったり、あるいは体験をしても、それを問題にしないという事実にもよっている。ユングの例が示しているように、それをモロに体験すると精神病と同様のことになる。そのような体験をしつつ、日常生活との接触を保つためには相当な強い人格を必要とする。さもなければ、人格が崩壊してしまって、その元型的体験を断片的にか、著しい歪曲を伴なってしか報告できないであろう。ユングが正面から取組むようになる以前においては、精神病者の妄想や幻覚が「了解不能」の一語で片づけられていたのも、このためである。

フロイトがもっぱらノイローゼの治療を行なっていたのに対して、ユングが精神病の患者に多く接していたこと、および、ユングのところに来る人の三分の一ほどの人が、彼の言う「人生後半の課題」に直面している人であったことも、彼が「元型」ということを考えざるを得なかった一因であろう。人生の後半の課題ということについては、後に述べるが、これらの人は適応という点では問題がない、というより、むしろ良すぎるくらいの人で、それだけに極めて強い人格を持ち、ユングの助けを借りて、元型的イメージを探索することが出来たのである。

ところで、「経験主義者」のユングが、どうして不可知な「元型」の存在を仮定することになったのか。これに対する筆者の答えは、既に何度も述べてきたように、深層心理学が「私」の心理学であることに由来している。つまり、それは何と言っても、私が私を探索するための心理学である。それを行なう間に、私はまったく不可解なイメージと出会う。それは私個人の歴史からは了解できない。しかし、神話や昔話などの助けを借りて、それが人類の歴史とつながり、相当な普遍性をもつこともわかってくる。つまり、それが「元型的」性格をもつことが了解される。そのときに、そのような元型的存在の背後に「元型そのもの」を仮定することは、「私」の心理学にとって、次のような利点をもたらすであろう。まず、第一に、この危険に満ち、できれば避けたいほどの苦しい探索に、全力をあげてコミットしてゆくための目標をそれは与えてくれる。元型の存在を仮定するなどという生やさしいものではなく、それはあるのだと思ってみるほどの姿勢がなかったら、このような「私」の探索はできるものではない。

第二に、元型的イメージとの同一化による自我肥大（ego inflation）を、それは避ける役割をもっている。元型的イメージは強烈な力をもつ。たとえば、私がひとつのマンダラを描き、それによって精神の安定を得たとき、それによって癒されるのみならず、そこに自我肥大が生じると、そのマンダラを「売物」にしたくなったり、他人に押しつけたりしはじめる。あるいは、自分が「窮極の真理」を手に入れたなどと思いはじめる。ところが、元型そのものという存在を仮定すると、いかに素晴らしい元型的イメージを把握しようとも、われわれはひとつの「過程」の上にいるのであって、どこかに到達してしまったのではないということになる。

「私」の探索は、元型などというものが、「あるのだ」という確信がないと出来ないほど、大変な努力を必要とするものである反面、元型そのものは「わかることがない」と自覚していないと、すぐに一人よがりになったり、自我肥大を起こしたりする危険性をもつものである。そのような危いバランスの上に、ユングの「元型」という考えが立っているのである。

普遍的意識と普遍的無意識

元型的イメージは普遍性をもっている。それについて注目した人は、ユング以前にも多くいる。ユング自身もそれらの人の名をあげているが、レヴィ＝ブリュールの「集団表象」という概念とか、アドルフ・バスティアンの「根本観念」などという概念である。これは elementare Gedanken を一応このように訳しておいたが、この Gedanke という語は、表象という意味もあるが、むしろ観念という方が近いであろう。これらの人たちは、未開人の研究や昔話の研究から、このような考えをもったのであるが、ユングの特徴は現代人にもこのようなことが存在することを明らかにしたことである。そして、バスティアンの用語が示すように、どうしても「研究」を事とするものは、「観念」や「概念」を扱おうとして、そちらに重きをおくことになってくる。しかし、もともと大切なのはイメージであるし、一般的な概念ではなく、「私」の体験としてのイメージなのである。このようなことについて少し述べておきたい。

元型的イメージは相当な普遍性をもつので、それは具体的な姿を得て、ある集団内において重要な役割をもつことがある。多くの宗教的な像がそれである。たとえば、マリア像に対して祈りを捧げるとき、それは母なるものの元型のひとつの表現形態として見られ、そのことはその人に対して大きい意味をもつ。しかし、キリスト教徒以外の人にとって、それはあまり意味をもたないこともあろう。そして、マリアという存在の意義が、その清純さ、優しさなどという言語によって表現され、それによってひとつの観念にまで形成されてゆくこともあろう。それが相当数の人々によって支持されるとき、ユングはそれを普遍的意識と呼んでいる。相当数の人間に共有される意識の在り方である。

たとえば、時間を厳守する、という考えは、ある文化にとっては普遍的意識となっているが、ある文化ではそうではない。あるいは、時代によってその価値は随分と異なるであろう。時代や文化をこえてまで共通の普遍的意識となると、なかなか探すのが難しいことであろう。「人を殺すな」とか、「盗みをするな」などは、相当に普遍性の高いものであるが、いつもそうであるとは言えないであろう。

普遍的意識について研究することは、人間の研究において重要なことである。そして、その「元型」を人間は無意識内に持っていると考えるならば、そのような普遍的意識の研究は、間接的に普遍的無意識の研究にもなっているわけである。このような普遍的無意識と普遍的意識との対応関係に立って、われわれが「研究」を行なうとき、いろいろと混乱が生じてくる。この両者をつなぐ軸上に元型的イメージが存在するわけであるから、イメージの研究をしようとするものは、このあたりの関係をよく認識している必要がある。

ユングの言う元型の研究をしようとするならば、何と言っても自分自身の内的体験が大切である。自分の体験した元型的イメージは強い情動を伴なうものであるし、そのようなことも含めたまま、他の類似の元型的イメージを探し出したり、比較したりしつつ、その意味を明らかにしてゆく。あるいは、他人の元型的体験を素材として扱うにしても、それをまったく対象化するのではなく、共感しつつ、その探索の歩みを共にする態度が必要である。そのようにしてこそ、元型的イメージの本質が明らかになるのである。

しかし、これまでの「学問」(あるいは「科学」)という考えにこだわって、概念規定を明確にし、他との比較を試みたり、類似のもののグループに分類したりすることを行なっていると、それは普遍的意識の研究になってくる。それ自体はまた意味をもつことなので、行なうことに異論はないが、それは少なくとも深層心理学ではなくなってくる。特に、そのようなことに熱心になり過ぎたり、それが唯一の学問研究の方法であると考えたりすると、学者としては成功するかも知れないが、心理療法家としては駄目になってくる可能性が極めて高い。別にどのような研究をして悪いということはないので、いろいろな研究をしていいのだが、自分はなぜ、どのような研究をするのかを自覚する必要があると思われる。イメージの研究は従来からある「学問」の形にはまりにくいので、苦労も多いのである。

ユングの元型の説が誤解されたり、受け容れられなかったりしたことは、その当時の時代精神の影響が大いにあると思われる。今世紀の初めは、自我の確立ということがあまりにも高い価値をもったため、そもそも無意識などということをあまり考えなかったし、それを考えるにしても、自我を確立するために考えられることが多く、個人的無意識の範囲内でのことであった。

しかし、既に述べたように、ユングの患者の三分の一は、その人生において強い自我を確立し、社会的には成功している人であった。彼らは「適応の良すぎることが問題であった」。いかにして適応するかなどは問題ではなく、いったい自分とは何か、自分はどこから来てどこへ行くのか、というような極めて根元的な問題が、彼らを把えているのである。ユングはそのような人に対しては、自分も答を与えることができないので、相手と共にその無意識の言うところに耳を傾けようとした。つまり、その人が自ら「私」の探索を試みるのを援助しようというわけである。このような態度で、患者の夢を分析していったのである。

分析家がこのような態度で接していると、夢が元型的イメージをもたらせてくる。多くの場合、それは夢見た当人にとっては思いがけないものである。ある人は、夢のなかで自分が殺人犯であることに気づく。ある人は、一羽の鳥が美女となるのを見る。ここで、そんなのは夢であるとして棄て去るのではなく、それをともかく「自分の夢」として、それの意味を探り出そうとする。

たとえば、自分が殺人犯であることを夢見た人は、ともかく自分がそれまで人を殺して来なかったか、を真剣に考えてみる。そして、自分は勉強はよく出来たが、兄が勉強ができなかったばっかりに、自分のみ両親に愛されて社会的成功を遂げてきたが、兄の方は中学時代から常識的な軌道をはずしてしまって、今日もそのままの生き方を続けていることに思い到り、自分は「兄を見殺し」にしてきたと思うかも知れない。そんなときに、カインをはじめ多くの神話や昔話にある兄殺しの元型的イメージは、いろいろと参考にはなるであろうが、「兄殺し」としての自分が今後いかに生きるかは、まったく本人の意志にまかされている。それは、極めて個人的な問題であるが、同時に時代や文化の差をこえて人間一般にとって普遍的な問題とつながっている。

ここで、この人が自分の生き方について考え、それを実行してゆくことを、ユングは個性化の過程(process of individuation)と呼んでいる。それは極めて個人的であり、また普遍性をもつものである。ここに例にあげた人にとっては、兄弟殺しの元型が大きい意味をもった。しかし、どのような元型が、どのような人にどんな形で作用してくるかはまったくわからない。ともかくそれは、日常的な生活とは次元の異なるところから出現してくるものとして、当人にとっては相当な苦悩を感じさせるものとなることが多い。よほど強い人格でなければ、やり通せるものではない。ユングはそこで一般論として、このような個性化の過程の仕事は人生後半の課題であり、前半は強い自我を確立することが課題である、と考えた。ユングのところには、このような人生後半の課題に直面した人たちが多く来談したのである。

能に先シテと後シテというのがある。ワキ役の旅僧などが一人の女性に会う、これが先シテである。彼女がこのあたりに一人の女性が住んでいたなどと話をしてくれる。ところが能の後半になると、後シテが般若の面などをつけて現われ、実は私こそその女性だったのだというわけで、怨念をこめた舞を舞う。こんなのを見ていると、人生の後半というのは、「実は私こそ――である」という自覚のもとに、自分の舞を舞うことではないか、と思わされる。「私こそ――である」という「――」のところに、何らかの元型的イメージがはいってくる。そして、それがどのようなイメージなのか、それをどのように舞うかについては、まったく自分にまかされている。それによってこそ真の個性というものが打ち出されてくるのである。

このとき、分析家は相手がその課題としての元型的イメージを見出すのを手伝い、それと類似の元型的イメージを参考として提示したりしながら、その個性化の道を歩むことを助けるのである。その過程のなかで、分析家自身の個性化の過程がそれに大いに関連していることを見出すこともあろう。

ユングは人生の前半と後半の課題を相当に割切った形で提出したが、現在はそれほど明確なことは言い難いようである。青年期であっても元型的な課題に直面しなくてはならない人もある。このような人は他人からは容易に理解し難い苦悩を背負うことになるし、本人自身も何のために苦しんでいるのかわからないときもある。本人に自覚されるのは、ただ何もする気がしないとか、ただただ死にたいとか、体が重くて動かせない、などということである。こんなときに、周囲の人が「怠けている」と判断し、叱責したりして自殺に追いこむこともある。このような人の場合、その元型的課題について、誰かがはっきりと意識することが治癒への第一歩となる。

個性化の過程を歩むためには、倫理的な決定を必要とすることが多い。それは元型的イメージを「生きよう」とすると、日常世界の一般的なモラルとは簡単に合わぬことがよくあるからである。モラルを破るとまでゆかぬにしろ、常識からははずれることが多い。考えてみると、常識というものは、人間の意識が元型の侵入を受けて混乱しないように、長い歴史をかけてつくりあげてきたようなものである。しかし、近代までは人間は常識のみならず儀式や祭りなどによって非日常の場を設定し、元型との対応をはかってきた。それは集団的に非日常の状態にはいりこみ、そのなかで元型的イメージを経験することを行なってきたのである。しかし、近代になって自我＝意識を尊重するあまり、そのような儀式や祭りを非合理なこととして排除したり、拒否したりしてしまった。その結果、元型的イメージが日常の世界において突如として個人に襲いかかるようなことになってきたのである。

集団的な祭りをできなくなった現代人は、このために、個人として個人の祭りを日常生活を保ちつつ行なうという難しい状況に立たされることになった。それをやり抜くことが、個性化の過程なのである。つまり、これまで集団のなかにはいり込んで無意識的に行なってきたことを、個人が自分にふさわしい方法で、意識しつつ行なわねばならないのである。

元型的イメージについて考えるとき、どうしても問題にしなくてはならない困難なこととして共時性ということがある。

たとえば、夢で友人の死ぬのを見て、どうしても気になるので電話をすると、その友人が急死していた、などということがある。筆者のように夢分析をしていると、このように夢と現実との驚くべき一致の経験を知らされることが時々ある。このことから夢は常に外的事象の予知をする、と考えるのは馬鹿げている。夢と現実とは一致しない方が多いからである。さりとて、これをまったく偶然の一致として棄て去るのには、その経験はあまりにも強烈なものでありすぎる。ユングはこのような「意味のある一致」の現象が生じることを認め、それは因果的には説明できない非因果的連関であり、それを説明するためには、因果性ではなく共時性という原理が必要であると考えた。つまり、事象を説明するのに、因果性と共時性という二つの原理が必要だというのである。

夢によって友人の死を知ったとき、そこにエーテル波などというのを入れこんで因果的に説明するのではなく、因果的説明はできないことを明確にしているのが共時性の考えである。しかし、因果的に説明できないから「偶然」として無視するのではなく、その「意味」について考えてみようというのである。

登校拒否をしている高校生の男子は、最初会ったときは弱々しい感じであったが、治療を続けている間にだんだんと成長して強くなってきた。そして、おきまりの父への反抗心が高まってきたとき、父親と激しく争う夢を見た。その翌日、父親は交通事故で危く一命を失いかけるが、軽い傷で助かる。このことはこの青年に強いショックを与える。

ある人の内的状況と外的状況が著しい一致を示すことがある。それをユングは布置（constellation）と呼んでいる。コンステレーションは星座という意味もあるが、星座が「できている」ように、いろいろな現象がひとつの布置をなしている。先の例で言えば、「父の死」あるいは「父と息子の争い」という元型的イメージのコンステレーションが認められるのである。布置の背後には、何らかの元型が存在している。それを見抜くことによって、その意味を把握できるのである。

このような布置が生じたとき、これを因果的に考えて、「自分が父に対して反抗心を持ったので、父が事故にあった」と決めつけ、罪の意識に悩む人もあるし、そのために抑うつ状態になってしまう人もある。このような人に対しては、その偽因果律的考えをあらためて、そのような事象の意味を探り、それをいかに生きるかについて考えるようにしなくてはならない。

人生後半の課題との直面は、このようなコンステレーションを機縁としてなされることもよくある。事故とか病気とか、いろいろな災難が、個性化過程への入口となることは多い。そもそも、われわれのところに来談する人たちは、何らかの悩みを背負っているから来られるのだが、その悩みの背後にある元型的コンステレーションを読みとることが、われわれ分析家の仕事のひとつである、とも言えるだろう。

まったく偶然に不幸に陥ってしまった、と嘆く人が多い。しかし、それは因果的に見れば、まったくの偶然であろうが、共時的に見れば、まさに必然的に生じているとも言えるのである。「もし、あのとき汽車が遅れなかったら」とか「もし、あのとき偶然に彼女に会わなかったら」などと言いたくなるとき、偶然を嘆いたり恨んだりするよりは、その内的必然性について考えてみようとする方が得るところが大きい。もっとも、人生後半の課題は、危険性に満ちているので、そのことについては、あくまでも気を配ることが大切である。

ある生真面目な中年の会社員が、取引先の人に競馬に行こうと誘われた。賭事など無関心だったので断ったが、見ているだけでもとまで言われてついて行った。見ているだけのつもりだったが、ふと気がつくとその日に貰った給料をそっくり盗まれていることに気がついた。やけになって同行した人に金を借りて馬券を買うと、何と大当りして給料どころではなくなった。

これはサラ金で身を持ち崩した人に、話のはじまりとして聞いたことだが、このようなトリックとしか思えないようなことが実際に生じるところに、人生の面白味がある。誰が何と言っても真面目でビクともしない堅い人の背後で強力なトリックスターの元型がはたらきはじめる。この人の場合、最初に自分を競馬に誘った人を恨んでみたり、「あのときにお金を盗まれなかったら……」などと言ってもはじまらないのである。またこのような人に、「競馬などやめて真面目に働きなさい」などと忠告しても効果はない。人生の前半において築いた生真面目さと、その背後に存在する強力なトリックスター元型と、この折合いをどうつけてゆくか、という仕事に共に取組んでゆくより仕方がないのでである。

ユングが共時性を発表したときは、ほとんどの人から無視されたり、批判されたりしたし、また誤解も受けた。ひどい場合は、ユングが因果律を否定しているなどとさえ思われた。しかし、現在はこのことに注目している人の数が急激に増えてきている。なかには間違って、共時的現象をユングが魔術的因果律と呼ぶ考えによって説明して得意になっている人もいる。共時性に対する関心が高まってきたことの一因としては、自然科学に対する不信感の増大ということがあるだろう。これまでは、自然科学絶対という感じであったが、それに対する疑問が生じてくると共に、すべてのことが「科学的」にコントロールされ、管理されるという状況に対して反撥する上においても、非因果的連関に注目することになったのであろう。しかし、これは共時性についてじっくりと考えてみることではなく、オカルト・ブームと言われるような軽い傾向に流されてしまう危険性ももっている。

これから人間の心を探究してゆく上において、因果的に説明可能なことと、元型的布置として共時的に把握してゆくことと、この両者の関連をどう考え、どのように組合せてゆくかが大きい課題となってくるであろう。人間の心の深層に向かうほど、後者のような立場による了解ということが重要になってくると思われる。

心理療法の実際

心理療法の狙い

心理療法において、イメージは極めて大切なものである。イメージが心理療法の実際において、いかに重要な役割を果すかについて、以下に述べるのであるが、その前に、心理療法そのものについて少し述べておきたい。というのは、心理療法についての誤解が、一般によく認められるからである。

心理療法と言っても、種類も沢山あるし、その狙いとするところにも差があると言える。しかし、いずれにしろ、悩みを持った人にもっともらしい忠告や助言を与えて終り、などと言うものではない。忠告や助言でよくなるような人なら、心理療法を受ける必要がないわけであるし、一度の助言で人をよくするような「賢人」が、心理療法家であるわけでもない。むしろ、そのように解決を焦らないところが心理療法の特徴であると言っていいだろう。

例をあげて考えて見よう。ある中学生の男子が学校へ行かなくなる。一般の人にとってこれは困ったことだから、何とかしようと思う。となると、その不登校の「原因」を探し出そうとする。子どもに「原因」を訊きただそうとする人もある。このようなとき本人は、本当はなぜか自分でもはっきりわからないのだが、何か原因を言わなくてはならぬと思うので、「先生が怖い」とか「中間試験に悪い点を取ったから」などという。実際、このようなときの本人の心境は、自白さえすれば自由にしてやると刑事に言われて、偽の自白をするような感じではなかろうか。ところで、「原因」がわかれば何とかしたい、というので、時には「怖い先生」に忠告してみたり、中間試験の成績を調べて、君より悪い生徒も沢山いると慰めたり、ここのところを改めるともっとよくなると励ましたりする。ところで、このような努力がすべて効果がないとわかると、「原因」が本人自身に求められ、「怠けている」「精神病だ」などと言われる。あるいは、母親が過保護である、などと言うことにもなる。

要するに、人々は早く「安心」したいのである。一人の登校拒否の子どもは周囲の人を不安にする。了解できない現象を早く片づけるため、人々は自分の思想システムのなかの「原因―結果」の鎖にその現象を何とかつなぎとめようとする。本人の怠惰、精神病などという「原因」を明らかにした途端に、その人は安心してしまうし、下手をすると、子どもの方はその役割に固定されてしまう。このようなことをしないのが心理療法家である、と筆者は考えている。

心理療法家は、通常の因果的思考法から自由になっていなくてはならない。われわれは本人やその周囲の人々から言語によって収集される事実を組み立て、それから因果的に現象を把握することを放棄してしまう。それでは何をするのか。その時点で言語的に把握しうること以外のものに期待をかける、つまり、可能性に賭けるのである。本人が学校へ行かなくなった現象の背後に、われわれが未だ理解していない何かが存在しており——それを可能性と言ったわけであるが——、それを明らかにしてゆくことによって、現象は進展してゆくであろうと考えるのである。

このような考えに立って、心理療法家が本人に会うと、早く「原因」を探そうとする態度ではないので、本人は何を話してもよいという感じを受けるであろう。事実、われわれに会ったクライエントが、帰るときに、「こんなことお話しするとは、まったく思いがけないことでした」と言うことがある。彼自身が原因—結果の思考パターンから自由になると、思いがけないことを思い出したり、思いついたりするのである。このような治療者の態度について、フロイトは「平等に漂う注意力（gleich schwebende Aufmerksamkeit）」という表現をしている。「原因探し」の目で何かにすぐに焦点づけてしまうと失敗してしまうのである。もっとも、このように自由で開かれた態度は簡単に身につけられるものではなく、相当な修練の結果であるが、そのことについてはここでは論じないことにする。

治療者の態度に支えられ、クライエントは自由に話ができるようになる。その際に、彼は「担任の先生が怖いから学校へ行けない」と言うかも知れない。このときにわれわれは、それをすぐに原因と考えず、「怖い担任の先生」「怖い男性像」というイメージが、この少年にとって重要な役割を占めている、というように考える。

そのようなイメージに注目する態度で接していると、怖い担任の話はすぐに消えて、まったく他のイメージが現われるかも知れない。つまり、こちらが因果関係のなかに固定してしまわないので、イメージは自由に動くことが可能となるのである。あるいは、怖い男性像として父親が登場したりして、それはますます膨らんでくるかも知れない。そのようにして、自分の心の深層に存在し、そのときに威力をもっているイメージがだんだん明らかにされ、その意味がわかってくると、本人の考えや行動も変化してくる。イメージそのものも、またその間に変化して、本人にとって肯定的なものになってくることもある。

イメージを問題にしつつ、心理療法家が狙いにしているのは、そのようなイメージを産出してくる母胎――それを「たましい」と呼ぶか「こころ」と呼ぶかはともかく――へのはたらきかけということであろう。そのような「たましい」の活性化によって、その人がどのような生き方をするのか、それを本人と共に見てゆこうとするのが、筆者の考えている心理療法家の役割なのである。従って、そこでは、たましいの言語としてのイメージが極めて重要な役割を担うことになるのである。

イメージの世界

既に述べたように心理療法家はイメージの世界を取り扱うものだ、と言っていいほどだから、いろいろなイメージやその表現を扱う技法をもっている。夢、絵画、粘土、箱庭、それに、実際にイメージを思い浮かべさせる方法、あるいは、自らの身体を用いてダンスをしたり、音楽を演奏したり、というのもある。また、前節に述べたように、クライエントの語ることを、イメージとして聴いている、ということもある。

クライエントの語ることをイメージとして聴く、ということは、たとえば次のような場合である。女性のクライエントが同僚のAさんについて不満を述べる。Aさんはお金の無駄使いが多すぎる。化粧品も高いものを買いすぎる、もっと安くても同じようなものがあるのに、ともかく高いものを買う方がいいことだときめこんでいるようなところがある。あるいは、レストランに行くにしても、不釣合いに高級なところに行きたがる。あんなことをしているとお金がまったく貯められないだろうし、病気にでもなったらどうするのだろう。こんな話がながながと続く。この間、心理療法家は話の腰を折ることなく、ひたすら傾聴する。しかし、そのように聴いている一方で、このクライエントの心のなかで、無駄使いをする女性というイメージが、強く情動的にチャージされている事実も正確につかんでいなくてはならない。それは、Aさんのことを語っているのと同時に、クライエントの心のなかのイメージについても語っているのである。

このような態度で話を聴いていると、数週間後に、実は最近Aさんと食事をして話合いをし、楽しかった。自分はAさんを誤解していたようで、思いの他に気持のよい人でしたなどと話し、Aさんと食事したのは割と高級なレストランだったが、たまにはあのようにリッチな気分になるのもいいですね、と言う。こんなことを聴いていると、この人がそれまで、金を使うこと＝悪、金を使わないこと＝善、という非常に単純な図式をもっていたのが、少し壊されて柔軟になってきたのを感じるのである。それはイメージの世界で言えば、お金を浪費する悪者のA、というイメージが少しずつ変化してきて、Aとの関係が改善されるという形で表現されている。

ユングは「影」という元型の存在を仮定している。「生きて来なかった半面」などという表現をしているが、それが何らかのイメージとして認められてくる。この場合、Aさんは明らかに影のイメージを背負っている。そのAさんとの関係が変化してゆくことは、ユングの言う「影の統合」の過程を示している。そのような線に沿って、クライエントの語るAさんとの関係を見ているとよく了解される。

このような影との関係の変化は夢によく生じる。たとえば、このような例であると、Aさんにプレゼントを貰った夢などを見ることがよくある。つまり、夢は「Aさんから何か得るものがある」というメッセージを送ってきていると考えられる。こんなときに、Aさんに関する連想を訊いて、「無駄使いと思えることにも、何か得るものがあるということでしょうか」などと言いかえしてみる。それに対して、クライエントがなるほどそうだと了解すると、その価値判断が少し変化し、結果的にAさんとの関係も改善されることもある。

イメージの世界で話を聴くということは、「夢を現実のように、現実を夢のように」聴いている、と言っていいかも知れない。これらはほとんど同じことなのである。夢を現実と同じくらい大切に、現実を夢と同じくらい大切に聴いている、と言っていいだろうか。ここで言う「大切に」というのは、一字一句逃がさない、というような態度ではなく、全体的にぼんやりと、と言うべきような、こちらの意識の次元も深くする態度で聴いているということである。

イメージの世界においてクライエントに向き合っていると、治療者のイメージの世界も活性化されるのも当然で、治療者が見る夢によってクライエントのことをよく理解できることもある（拙稿「治療者の夢のなかのクライエント像」斎藤・山中編『臨床的知の探求』創元社、参照）。

随分昔のことであるが、ある登校拒否症の高校生のカウンセリングをしていた。初期の頃でまだ様子もわからないまま、どうしても登校ということに、家族はもちろん本人も焦って、無理しても登校することを考えてしまう。治療者もそれに乗せられて、いろいろ計画するが挫折してしまい、本人は絶望的になるし、家族も本人を責めたてる。そんなときに、次のような夢を見た。夢のなかで、クライエントの家を訪ねると、母親がちょっと顔を出したがすぐ消えてしまう。ふと見ると、クライエントが一所懸命に牛の世話をしており、あの牛が母親なのだ（母親が牛になっている）と思う。これを見て、筆者は、家族はクライエントを非難しているが、実のところ、彼が精を出して母親の母性を養うために努力しており、それは未だ「牛」の段階であり、これが人間に変容してくるまでには相当な時間がかかるのではないか、と考えた。

クライエントの内的状況もわからないまま、家族の動きにまどわされて、一緒になって「登校できない、意志薄弱な子」を非難しそうになったとき、クライエントのイメージを夢で把握することによって、もう一度状況を見直し、あらたな決意で取り組むことができたのである。今でこそ登校拒否のことはよくわかっているし、どうしても治療が長期にわたる場合のあることもわかっているが、初期の頃は、登校を焦り、失敗しそうになったりしたが、このようなイメージによって助けられ、その実態を認識することができるようになったのである。

内界と外界

心理療法においては、「夢を現実のように、現実を夢のように聴く」と述べた。このことは、心理療法場面では、内界も外界も大切にする、というように言えるかも知れない。ところで、あるクライエントが、「私の母親は非常に恐ろしい人で、山姥のような人です」と言った場合、それはその人の内界のことであろうか、外界のことであろうか。ここで、たとえば治療者がその母親に会い、まったく普通のよい人であることを確認したので、クライエントの述べる母親は、「内界」のイメージであると断定したとする。これは一見筋が通っているようであるが、そもそも、治療者がその母親を「普通のよい人」と見たとき、それが治療者自身の内的なイメージの投影である可能性もあるのだから、本当のところは何も言えないのである。

開き直って考えはじめると、内界と外界という区別そのものが極めてあいまいになってくる。このことは重要で、要するに内界と外界の区別ということがあいまいで、便宜的なものであることを心理療法家はまず認識していることが必要である。さもなければ、独断に陥ってしまうときもあるし、クライエントを深く理解できなくなってしまう。イメージというものが、内界、外界という区別の境界上に存在している、あるいは、その区別をさえなくしてしまう性格をもつことを、われわれはよく認識していなくてはならない。

しかし、便宜的にしろ、内界・外界という区別を一応は立てないと、なかなか言語化したり、思考を組み立てたりし難いものである。心理療法家にとって、あいまいさに耐えることは極めて必要なことであるが、あいまいさのなかで、まったく方向性を失ってしまったり、インボルブメントの程度が低下してしまっては駄目なのである。言ってみれば、自分があいまいさに耐えられる限り、内界と外界とあまり区別せずにいる、ということになるだろうか。

たとえば、ある大学生が、自分が教室に行くと同級生たちが自分の悪口を言っているので辛い。大学に行く気がしないと訴える。このようなとき、現実はそんなことはないのだが、その学生がそのような妄想をもって悩んでいるのだと断定するよりも、ともかく、彼にとっての現実は、同級生が自分の悪口を言って、自分を疎外している、ということなのだと受けとめる。自分が一人孤立し、他から排除されているというイメージが、この人に強力にはたらいているのだ。しかし、この際、われわれが注意しなくてはならないのは、その話を聴くわれわれの態度いかんによっては、その人のイメージを強化する、つまり、妄想を強化することになってしまうのである。そもそも、このようなことを話している当人の心の一部では、「そんな馬鹿なことはない」と、治療者が否定してくれることを望んでいるかも知れないのである。治療者が不安を感じながら安易に相づちを打つことによって、クライエントの不安を増幅してしまうという危険もある。

このようなときに、治療者自身が、もし自分の周囲の人から疎外され孤立させられるような状況が生じたとき、それにどれほど耐えられるかを考えてみると、自分の役割がよくわかる。そこで簡単に崩れてしまうのではなく、なぜそんなことが生じたのか、自分に欠点があるからか、他人の誤解なのか、をゆっくりと考え対処してゆける力をもっていてこそ、クライエントの直面しているイメージに、治療者もかかわってゆけるのではないだろうか。内界・外界とを分けた表現でいうならば、治療者はクライエントの内界に生じるイメージに、外界のこととしても直面してゆけるほどの強さをもっていることが必要、と言えるだろう。もちろん、ものごとはそれほど簡単ではないが、イメージを扱うことの困難さ、それができるための治療者の能力ということを、よほど自覚する必要がある。

内界と外界との関係は不思議な呼応関係をもっている。たとえば、ある高校生のクライエントは、だんだんと父親に対する反抗が高くなって、夢のなかで「父親殺し」のイメージが非常に重要となってきたとき、父親が急に胃潰瘍になって入院しなくてはならなくなった。突然の入院で親子とも大いにあわててしまうのだが、イメージのなかでは「父親殺し」を行ない、その意味などについて話し合っていたクライエントは、父親の病床をたずね、これまでとは変って、やさしく接するので父親は驚いてしまう。そして、このときに、父と息子ははじめて打ちとけた感じで話し合うことができたのである。

「父親殺し」のテーマが息子にとって大切となっているとき、父親が思いがけない事故に遭った例もある。このようなとき、「父親殺し」というテーマは同じにしても、それがどのような外的状況と一致し、それがどう展開するかは、場合によってまったく異なってくる。個々人の個性やそれを取りまく状況によって、どのようになるかは予想し難い。もちろん、このようなときに、父親の病気や事故など、何らかの外的な状況変化が生じるとも限らない。ひたすら、イメージの世界において、仕事は内面的に追求されることもある。われわれ心理療法家としては、それらのケースに応じて、その発展を見守ってゆくより仕方がない。しかし、そこに、内界と外界の不思議な呼応が生じている、という事実に注目して、そこから意味を見出そうとする態度をとることが大切なのである。

コンステレーションを読む

先にあげた例においては、ある人の内的な状態と、それを取り巻く外的な状態との間に対応関係があるのが認められる。ユングは、このように内的、外的事象があるまとまりのあるイメージを形成しているように思われるとき、それをコンステレーションと呼んでいる。コンステレーションは前章にも少し触れたが、もともと星座という意味である。星座は何が原因とか、結果とかいうのではなく、そのようにうまくできているのである。それは共時的に布置されているのであって、継時的な因果関係として説明できるものではない。

先にあげた例の場合であれば、子どもが父親と戦う夢を見たから、父が胃潰瘍になったなどとは言えないわけである。しかし、ものごとを共時的に理解するのは困難なことなので、偽の因果律（あるいは、魔術的因果律）によって考える人は多い。たとえば、この例において、クライエントが、自分があんな夢を見たから父親が病気で倒れたのだと言い、父親に申訳ないと思って見舞いにゆく。申訳ないと思っているから普通なら腹を立てるところも我慢して話合いをし、よい関係を結ぶことができたとする。この場合は、父親殺し、に続いて、父親の再生、父・息子間の新しい関係の形成という一連の事象が起こっているので、クライエントが偽の因果律で考えたことは、よい効果をもたらしたことになる。

このような場合、クライエントの偽の因果律的な考えが誤りであることは、できるだけ指摘するようにしている。ともかく結果がよかったら、そこまですることはなさそうだが、やはり、このような考え方が強くなると、夢を勝手に「解釈」して、「——の夢を見たから——が起こる」式の思考法に陥ってゆくので、それは避けたいからである。

このような現象の世界に、魔術的、呪術的な「宗教」がはいりこんでくる。われわれのところに相談に来られる人で、民間宗教の類や、魔術的宗教の門を訪ねる人は多い。確かに、思いがけない不幸に陥って、ちょっとやそっとの努力ではそこから抜け出せないとなると、そのような方法に頼ろうとするのも当然かも知れない。それは多くの場合、役に立たないが、時には、卓効を奏することもある。このあたりがイメージの世界の不思議さである。

このようなとき、心理療法家としては、クライエントが、たとえば拝み屋さんに行ったという現象、拝み屋さんの言ったこと、クライエントのそれに対する反応、すべての現象を見て、そこにコンステレートしているものは何かと考えてみる。このようなコンステレーションを読みとる力を、心理療法家はもっていなくてはならない。一般の人なら、馬鹿げていると言って棄て去る現象も、すべてを取り入れて、全体としてのコンステレーションを読むのである。そうすると、そこに思いがけない展望が開けてくることもある。

ともかく、心理療法家のもとに来訪される人の悩みは、一般的な学識や論理によって解決されるものではない。もし、そんなものであれば、われわれのところに来るまでに解決しているはずだ。そこで、非因果的な全体的布置を読みとることが必要となってくるのであるが、心理療法家の役割として、コンステレーティング・パワーということを指摘する人がある。それはどのようなことかと言えば、その治療者に会うことによって、クライエントの内界に新しいコンステレーションが生じる。そのようなことを起こさせる力をもつことである。と言って、治療者が何をするわけでもないので、そんな馬鹿なことはあり得ない、と言う人もあろう。しかし、現実には、ある治療者に会いはじめると、今まで見なかった夢を見はじめたり、夢の質が変ったり、不思議に外的事象が変化したりすることがあるものである。このような事実に接していると、コンステレーティング・パワーなどということも言いたくなってくる。

コンステレーティング・パワーの説明として、オーケストラの指揮者の場合をあげる人がある。凄い指揮者はこれをもっている。彼が指揮台に立つだけで、楽員一同がそのときに演奏する曲の全体的なイメージをもち、それに全力をあげてインボルブしようとする気持になる。それが、コンステレーティング・パワーであり、これをもっていなくては、ある人がいかに素晴らしい音楽的素質をもっていても指揮者にはなれない、と言うのである。

コンステレーティング・パワーの有無については賛否両論があることだろう。ここではそのことは不問にして、コンステレーションを読むという点について、合理的に説明できることを述べて見よう。図1に示すように、AからKに到る点をすべて認知すると、これは円のイメージを形成していることはすぐわかる。しかし、これらの点のなかで、B、E、Iの点だけを認める人は、二等辺三角形のよ

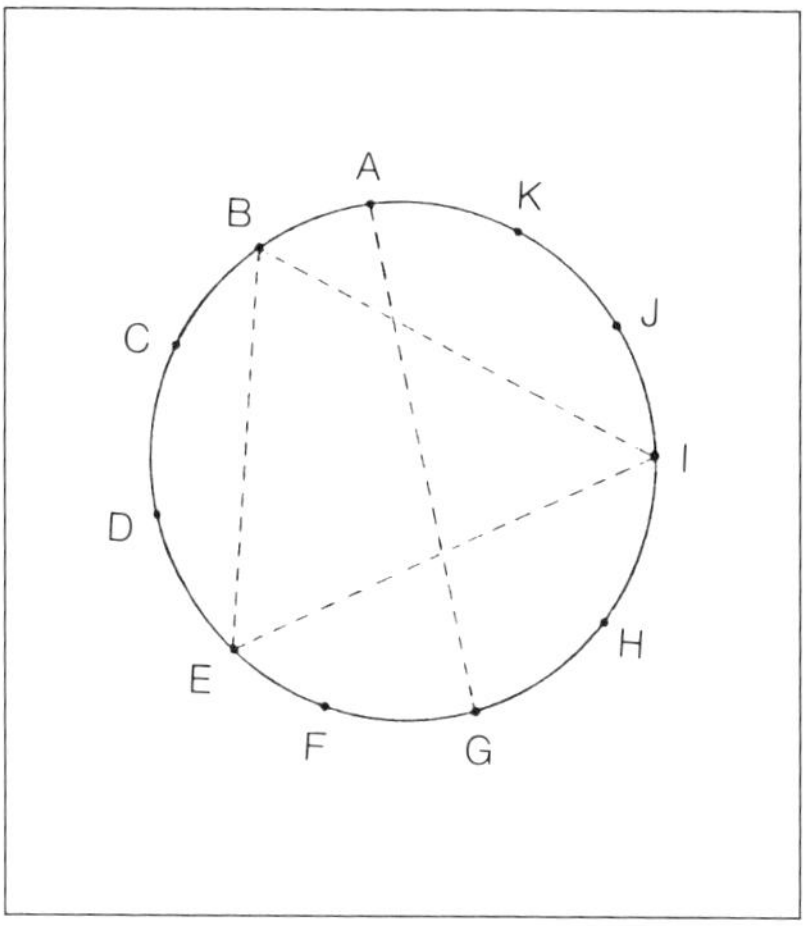

図1

うなイメージをもつだろう。そのうちに、点Gが見えてくると、Gと二等辺三角形が見える。次にAが顕われると、二等辺三角形を横切る直線AGが見える、というようになってきて、A、B、E、G、I、という点を認知しながら、それが円のイメージを構成していることに気がつかないのである。そうなると、この上にK、J、などが見えても、大して関係のないこととして棄て去ってしまうかも知れない。

クライエントの語ることに、すぐにとびついて、自分なりの理論でわかってしまおうとする人は、全体のコンステレーションを見損うのである。それと、治療者の態度が開かれているからこそ、クライエントの方も、はじめは無関係に見えるような素材も提出することになるのである。このように考えると、特に何かをコンステレートする力があるというのではなく、コンステレーションが全体像を顕わしやすく、また、それを読みとりやすい状況を生ぜしめる態度がある、と言うほうが妥当かも知れない。しかし、それを何と呼ぼうと、ともかくこのような能力が心理療法家に必要なことには変りはない。

治療者・クライエント関係

治療者がイメージの世界に対して「開かれた」態度をとるとき、治療者もクライエントと共に同一の元型的イメージのコンステレーションのなかにいることを自覚させられることがある。

既に発表したことがあるが、スイスから帰国した一九六五年に最初に会った登校拒否症の中学生男子の夢がある。

夢：自分の背の高さよりも高いクローバーが茂っている中を歩いてゆく。すると、大きい大きい肉の渦があり、それに巻きこまれそうになり、おそろしくなって目が覚める。

この夢については既に論じたので（拙著『ユング心理学入門』培風館）、詳しいことは省略するが、これは明らかにグレート・マザー元型の否定的な側面、すべてを呑みこみ殺してしまう力、を示すイメージである。

この夢を聞いたとき、筆者は筆者自身のおかれている状況を考えた。帰国して、筆者のための歓迎会を親族一同でして貰ったとき、祝いの鯛の骨が母親の喉にささって、結局は医者の手にかからねばならないほどになった。母親を駅までタクシーで見送ってゆくとき、無意識に母親の手を危くタクシーのドアにはさみそうになった。個人的なレベルにおいて、母親に対して特に自分の敵意などに関して考え直すこともない、と思いながら、この事件について考えていたときであったので、この中学生の夢を聞いたとき、個人的な関係をこえて、母なるものという元型のコンステレーションが、自分をも含めて日本人全体に対して作用している、と感じたのであった。

このように考えると、この少年はもちろん個人的に解決してゆかねばならぬ問題ももっているのであるが、日本文化全体としての文化の病いとも言うべき、グレート・マザーとの戦いを、背負っていると考えられるわけで、そうなると筆者も同様であり、共通の敵に対して共同で戦っているような感じがしてくるのである。従って、単に学校に行っていない中学生をどうして学校に行かせるか、ということではなく、日本文化に強く作用している母なるものに対して、筆者自身がどのような対処の方法を考えるのか、という問題になってくる。心理療法家自身が、内面的な仕事をする必要が生じてくるのである。このような経験を踏まえて、筆者は当時に、「母性社会日本」などという考えを主張したわけである。

治療者とクライエントとの関係は、いろいろな次元で、いろいろな様相をもって現われる。ユング派の分析家、ロバート・ボスナック氏は、昨年の国際分析心理学会において、両者の関係の在り方としての「融合」(fusion)の重要性について発表した。彼はその例として、自分が分析したエイズ患者の場合をあげている。彼はこのクライエントと会っているときに、強烈な同性愛の衝動を伴なうイメージに襲われた体験を語り、クライエントと分析家の間に「融合」が生じたと述べている。もちろん、その程度がひどくなって、分析家がその衝動に身をまかせてしまっては、まったく破壊的なことになるが、このような、融合関係が、治療の進展に大いに役立つ、というわけである。ボスナック氏は結局、このクライエントの死ぬまでの過程を共に歩むことになるが、そのようなことを可能にしたのは、深い融合関係の支えであったと思われる。(この事例については、最近ボスナック氏が書物を出版した。Robert Bosnak, Dreaming with an Aids Patient, Shambhala Publications, Inc., 1989.)

融合しつつも、自分を失ってしまわない関係が、治療の進展を支えるのである。融合してしまうのでもなく、まったく離れているのでもない、中間的な状態を保つことが必要である。この際、分析家のボスナック氏を襲った同性愛のイメージは、彼のクライエントやボスナック氏という個人を超えて、キリスト教文化が現代において直面しなくてはならぬ課題に関係するものと考えることもできるのではなかろうか。

クライエントのかかわるコンステレーションのなかに、治療者自身の在り様もかかわってゆき、その両者も含めてコンステレーションを読みとることが、心理治療のために必要となってくるのだから、敢て、コンステレーティング・パワーなどと言わなくとも、治療者に会うことによって、クライエントを取り巻くコンステレーションが変化してゆくことは、自明のこととも言える。

治療者とクライエントが共通の元型的イメージに取り組んでいるとき、治療者がその仕事をやり抜いていると、そのことを伝えなくても、クライエントの方は少なくとも症状のレベルにおいては問題が解消してしまうことがある。——特にこれは子どもの場合には、そうなることが多いが——たとえば、先に示した「肉の渦」の夢を見た少年の場合、グレート・マザーについて別に話合ったわけではない。治療者が日本文化におけるグレート・マザーの力、それに対処すべき方法などについて思いめぐらしているうちに、少年は少年なりに、自分の家族関係などについて考え、それなりに登校に踏み切っていったのである。あるいは逆に、クライエントのする仕事によって、治療者が自分自身の問題解決に対するヒントを貰うこともあり、両者の関係の在り方はなかなか簡単には言い切れるものではない。

夢分析

夢の不可解さ

イメージについて、もっともよくわからせてくれるものとして夢ということがある。眠っている間は、われわれはそれを「見る」。イメージを重視するユング心理学において、夢はその中核をなすものである。従って、ユング派の分析においては、夢分析がもっともよく用いられる技法と言っていいだろう。

ところで、面白いことにユング自身は、夢に関するまとまった論文は、僅か四編しか書いていない（子どもの夢に関するセミナーの記録が、最近に出版されたが）。このことに関連して、ユングの高弟であるC・A・マイヤーが次のように述べている。「ユングの書いたもので夢を徹底的に論じたものがない深い理由は、人間の心から生み出されるものでまさに夢ほど複雑なものはないということであろう。たとえば私が有しているような（約五万の夢の記録）かなり大きな資料に含まれていることを述べるためには、今日もなおいかなる見通しもないのである。」（マイヤー『夢の意味』創元社）

夢分析の経験に関しては、当代随一と言っていいほどのマイヤーにして、この言があるのだから、夢の不可解さは真に極まれり、という感がある。それではそれほどまでに不可解な夢をなぜ大切にするのか、という疑問が生じてくる。

これに答えるために、ひとつの例をあげよう。四十歳代の男性の夢である。

夢：何かに追われて逃げている。そのうち、自分が一人の男をひどく傷つけ、逃走中であることがわかる。家に逃げ帰りほっとしたが、家の前に追手が迫ってきているのを知り、裏口へ行こうとするが、裏口にも追手が待ち伏せていると知り、茫然とする。もう駄目だと思ったとき、自分が傷つけたのは同僚のAだったらしいと気づく。Aが傷ついて倒れている姿が見えてきたところで目覚める。

この夢を見た人にとって、この夢はまったく不可解である。自分が人をなぐったり傷つけたりすることなど考えられない。人に追われるような悪いことをした覚えがない。同僚のAに対して敵意を持っていることもない。まさに「ないないづくし」で、この夢は「わけがわからない」と言うことになる。

時には夢を見て、なぜそのような夢を見たのかが「わかった」と言う人もある。たとえば水泳の夢を見て、ふとんから体が出ていたためであるとか、昨晩見た夢は、その日にテレビでみたシーンが出てきたのであるとか言って、それでなぜその夢を見たか「わかった」と言うのだが、考えてみるとこれもまったく一面的である。体が冷えたとしても、すぐ「水泳」に結びつくとは限らないし、テレビでいろいろなシーンを見ながら、なぜ特にそのシーンがでてきたかは、「わからない」のである。夢を見たとき、このように簡単に「わかった」と思ってしまわないことが大切である。

このような「不可解」な夢を、神からの贈物、啓示として受けとめることは、世界の多くの古代文化においてなされていた。わが国の『古事記』、あるいは『聖書』にもそのような類の夢が記載されている。確かに、何かの夢を見たとき「私の夢」と言ったりするが、それは「私」のものでありながら、まったく「私」の思うままにはならない。自分の意志を超えているのだから、それは誰かから、あるいは、どこかから「送られ」てきたとしか考えようがない。そこで、それを神のお告げとして受けとめる態度が生じてくるのも、よく了解できるのである。

夢を神のお告げとして受けとめても、それは意味不明であったり、当りはずれがあったりする。特に、夢にあったことがそのまま現実にも起こるに違いない、などという受けとめ方をすると、はずれる方が多いわけである。そこで、その夢を「解く」ことを職業とする人が出てくることになる。『今昔物語』などを読むと、夢占い、夢合せ、などを職業にする人が居たことがわかる。

このような傾向は、西洋の啓蒙主義の時代に一挙に衰退してしまう。西洋の近代合理主義は、夢占いの類を「迷信」として棄て去ってしまう。確かに、夢が現実と一致することはまずないのだから、これも当然と言えば当然である。しかし、啓蒙主義の洗礼を経た上で、再び、フロイトが夢の意義を強調することになるのである。

フロイトの特徴は、夢を「神」などを持ち出してくるのではなく、できる限り合理的に解釈しようとした点にある。彼はその結果、夢が「抑圧された願望の充足」のために存在すると主張する。そして、彼にとって、その「抑圧された願望」とは、性欲だということになる。夢は一見不可解であるが、それを「分析」してゆくことによって、そこに抑圧された願望を見つけ出すことができる、と彼は主張する。

ユングも最初はフロイトと同じ道を歩む。彼にとって、既に述べたように夢分析はその治療の中核になってくるのだが、それは、フロイトの主張からは少しずつ変化してくる。その点については後に述べるとして、まず、フロイト・ユングの貢献によって明らかにされた、夢イメージの特性を、前掲のマイヤーの書物に従って簡単に述べてみよう。

混交：夢のイメージにおいては、意識的には明確に区別されているものが入り混って出てくる。極端に言えば、「すべてがすべてに至る」状態と言っていいだろう。

圧縮：混交の状態のもう少し程度がゆるく、何と何とが入り混っているか、わかりやすい場合である。たとえば、父親と友人が「圧縮」されて、一人の人物になって出てくる、とか、分析家が学校の教師と重なりあって出てくる、ようなときである。

具体化：たとえば、「嫌いな」ことを具象化して、ゴキブリが出てきたり、身体的表現であれば

「背伸びしている」とか、「もう一歩のところで届かない」とか、抽象的なことが具体的に表現されるのである。

劇化：表現されるべき内容が、「演じられる」傾向である。楽しい、悲しいなどの感情などが、劇化された行為として生じてくる。

古代化：夢のイメージは不思議に、古代化されて出てくる。夢を見ていながら、それを何か昔話のようだなと感じたり、遠い遠い昔のこととして感じたりする。

多数化：これは圧縮に対立するもので、ひとつのものが多数の形をとって表われる。

象徴性：夢のなかのイメージでは高い象徴性をもっている。この際、象徴とは「壺が女性性器の象徴である」などのような単なる置き換えを意味するものではなく、もっと深い意味をもつことは、既にイメージの象徴性について論じたときに明らかにしたとおりである。（32頁参照）

このような夢のイメージの解明のなかで、フロイトが「移動」として記載していることをマイヤーが除いているところに、注目すべきである。「移動」とは、悲しみが嬉しさの方に「移動」したり、友人Aについて言いたいことがBの方に「移動」したりする、ということである。これも言うならば、「混交」の一種とも言えるが、このことを安易に用いると、分析家はどのような夢からでも、自分の好むことを見つけられることになってくる。

たとえば、「父親と争って殺そうとした」という夢を見ると、それはまさにエディプス・コンプレックスそのものの夢と言えるが、「馬を優しくなでていた」夢に対しても、馬は父親の象徴であり、

「なでている」は、攻撃的感情が「移動」したものだと言えば、これも、まぎれもなく父親に対する敵意を表わしていることになる。それほど「移動」ということが簡単に言えるなら、「父親と争って殺そうとした」夢は、実は「馬を可愛がりたい」という願望の顕われと解釈しないのだろうか。つまり、分析家はどのような夢であれ、極めて恣意的に解釈できるわけである。

　このことは、フロイトがその時代精神の影響を受けて、何とか夢を「科学的」に研究し、合理的説明をする必要を感じていた事実に関連してくる。そのような観点に立つと、夢は何か「唯一の真理」をもち、それは分析家の手によって科学的に分析してゆくと、必ず明らかになってくる、という考えに結びつきやすく、古代の夢合せの専門家のように、分析家が「解釈してくれる」ことを期待することになる。しかし、既に深層心理学は「私」の心理学であることを、本書の第一章に強調したように、何と言っても、夢はその人個人の体験であり、それをどのように「解釈」するかの根本には、その人自身とのかかわり、つまり、本人自身がそれをどう受けとめるか、ということが存在している。

　夢分析の仕事は、分析家の助けがないと、なかなかできるものではないが、分析家は、夢についての真理を「分析して取り出してくれる」人ではない。夢の分析と言い、解釈と言っても、それは「解釈学《ヘルメノイティーク》」であって、自然科学ではないのである。もちろん、夢の現象そのものは自然科学的研究の対象にもなり得るのであるが、夢分析の現場において行なわれていることはあくまで解釈学の仕事であることは、はっきり認識しておく必要があると思われる。

「体験」としての夢

夢の特徴は、あくまで「私の体験」であり、それをどのように受けとめるかは、あくまでその夢を見た「私」にかかわることであることを強調した。従って、夢の解釈に「唯一の真理」があるのではなく、それを当人がどう受けとめるかが最大の意味をもつことになる。その人にとってピッタリとくることが第一なのである。

最初にあげた夢の例について述べてみよう。このとき大切なことは、夢のなかで人を傷つけたり、追われたりすることを「体験」していることである。考えてみると、このことだけでも十分と言っていいかも知れない。「実は、自分は他人をひどく傷つけ、追われている身なのだ」ということを、しっかりと体験することによって、この人の言動が少しは変化してくるのではなかろうか。「犯罪を犯すのは弱い奴だ」ときめつけたり、「おどおどしている人間にろくな者はいない」ときめつけたりする前に、「ちょっと待てよ」と考えてみるのではなかろうか。あるいは、「家に帰っても、何だか落ち着かない」という人に対して、そんなことは理解できないなどと言い切るのではなく、その気持もわかるなあ、と思うかも知れない。夢はわれわれの「体験」を実に豊かにしてくれるのだ。

この夢を見た人は、連想のときに、自分が人を傷つけたりすることなど考えられない、と言っている。そんなときに、分析家は、「あなたは、これまで誰も傷つけたことはありませんか」と問いかける。この問いかけの少しのニュアンスの在り方で、その人は、はっと気づき、「人を傷つけると言えば、私にもやはりそんなことはありますね」と言う。つまり、夢を見た後では、なぐって身体的に傷つけることのみを考えていたのだが、分析家のものの言い方で、「他人を傷つける」意味の広さに思い到る。そして、この際、そのような具体的なイメージを見たということは、自分は「他人を傷つけることのある人間だ」という自覚を、より確かなものにする。

次は、Aのことである。「傷つける」意味を広くとったとしても、自分はAを傷つけたことはないと思う。Aはむしろ自己主張が強く、どんどんと自分の思いどおり行動している人だから、そんなことは考えられない、と言う。しかし、この人はAが傷つき倒れている姿まで見たのである。そこで分析家は、「あなたの心の中のAは、傷ついて死にそうになっていませんか」と問う。これによって、夢を見た人は、自分の心の中の、自己主張しどんどん行動してゆく傾向を「自ら殺そう」としてきたことを思いつく。つまり、この際のAは、Aという外的に存在する人のことよりも、夢を見た人の内界の住人としてのAとしての意味を強くもっている。ユングはこのようなとき、前者を客体水準、後者を主体水準での解釈と呼んで区別している。つまり、夢の中にX氏が登場するとき、それは、X氏その人のことに関係しているとき（客体水準）と、自分の心の中のX氏で表わされる面（主体水準）にわけて考えてみるのである。また、この両者は思いがけない結びつきをもっていてわかち難いときもある。

さて、夢の中の「体験」が大切とすると、分析家は、一般の人が考える「解釈」をするよりも、夢体験をその人のものとし、それの味わいを豊かにすることを考えねばならない。覚醒時のことを考えても、自分の行為を本当に自分の「体験」とするためには、それなりの努力がいるのではなかろうか。それについて思いめぐらしてみたり、自分のそれまでの体験と照合したり。それと同様のことは、夢の「体験」にとっても必要であろう。

夢の場合、それを味わうためには、その夢の内容や主題と同様のことが、既に古来からの神話、昔話などによく生じているときは、それらを参考のために分析家が話す場合もある。「河を渡る」、「突然の落下」、「洞穴とその探険」、「宝物を守る竜」などのような主題は、あらゆる話によく出てくるし、それらは夢にも生じてくる。あるいは、「盗み」の夢を見て、どうして自分がものを盗む夢などみるのか、わけがわからない、という人に対して、プロメテウスが火を盗んできた、という話を提供すると、その意味の深さがわかるときもある。このように、夢の主題と類似の話などを提供することを、「拡充法」とユングは呼んで重視している。

夢を生きる

体験としての夢を重視することは、生きてゆく上において、覚醒時の体験も、夢の体験も同等の重みをもって受けとめることを意味する。ユングの『自伝』を読むとその感じがよくわかるであろう。

わが国の例では、明恵上人（一一七三―一二三二）がその生涯にわたって『夢記』を記したことがあげられる。もっとも夢の日記をつけただけでは、夢を生きた、とは言い難い。そのよい例が、明恵にあやかろうとして、自らも夢の記録をした、多聞院英俊（一五一八―一五九九）である。彼も夢を記録するのはいいのだが、夢を割合単純に外的現実と結びつけて、それを予知のように考え、それが成就しないときは、「少シモアワズ、雑夢々々」と書きこんだりしている。つまり、彼の場合は、せっかく夢を記録しながら、それを「生きる」方策を誤ってしまっているのである（これに関しては、拙著『明恵　夢を生きる』京都松柏社、参照）。

夢を生きる、というとすぐに思いつくのは、有名なマラヤのセノイ族の例である。このことは人類学者スチュアートが研究したものである（スチュアート「マラヤの夢理論」、『現代思想』11‐9）。スチュアートの報告によると、セノイ族は夢を非常に大切にする。年長者は幼少の者たちが語る夢を、朝食の時間によく聴いてやる。そのときに、たとえば、小さい子がどんどん下に落下する夢を見て、恐くて目が覚めてしまったなどと言うと、それに対して年長者は、「それは素晴らしい夢を見たものだ。ところで、お前はどこへ向かって落ちていった？　途中でどんな景色を見た？」と聞くのである。子どもの方は、それに対して、恐くてよく見る前に目が覚めたと言う。そのときに年長者は、「それは残念なことだ。次に機会があれば、もっとリラックスしてよく見てくるように」と励ますのである。

このような年長者の励ましと支持によって、その子は次に落下の夢を見たときは、前よりも恐怖感が少なくなり、よく「観察」し、それを報告できる。つまり、前よりも夢を十分に「体験」できるようになるのである。

セノイ族はこのようにして夢を生きているわけであるが、スチュアートの報告によると、少なくとも数世紀にわたって、セノイ族は、警察、監獄、精神病院の類を一切必要とせず、すべての成員が平和に暮らしてきた極めて珍らしい部族である、ということである。いったい、どうしてそうなるのだろうか。

人間という存在は「自然」に反する傾向をもっている。一個の人間は生きてゆくために随分と無理をしている。夜おそくまで起きて仕事をしたり、腹が立っても抑えていたり、普通には考えられない早さで空間移動を行なったり、これらすべてのことを、人間は「生きてゆくために」必要なこととしている。しかし、人間というひとつの「存在」はそのすべてを生きる上で、もっと異なるスケールと異なる次元での活動を期待している。夢はまさにそのような人間の全存在的なはたらきとかかわるものである。このため、人間は日常生活においては、普通に暮らしている（これが凄い無理なことなのだ）が、人間の存在全体のはたらきの一環として、夢のなかでは、人を傷つけたり、追いかけられたり、空を飛んだり、穴に落ちこんだりしなくてはならない。人間の存在全体の回復運動として夢がある。ここに述べたことは、人間にとっての芸術や宗教の意味ということにもなるが、従って、芸術や宗教と夢とのかかわりは極めて深いものがあるのだ。

人間存在の回復のはたらきとして、夢のイメージがあることは、イメージというものの重要さをよく示している。たとえば、はじめにあげた夢を見た人の例においても、誰かが彼の生き方を批判して、君はもっと自己主張をして積極的に生きてゆく方がよい、などと言ったとしても、なかなかそのとおりに従えるものではない。しかし、イメージの体験として、自分はAを瀕死の状態に追いやっていると知るときは、そこから受けるインパクトの強さは比較にならないであろう。

セノイ族の人達は、このことをよく知っている。従って部族ぐるみで夢分析、というよりは「夢を生きる」ことをやっているのだ。セノイ族の人達は人間という全存在との関係の回復の儀式を毎朝行なっているようなものだから、そこには何らの心の問題が生じないのも当然のことと思われる。「夢を生きる」程度が過ぎると、現代的な生活との距離がひらきすぎてくる。たとえば、ヘヤー・インディアンは夢を非常に大切にしていて、その態度にわれわれも学ぶべきことが多いが、それをそのままいただくことは出来ない。原ひろ子の興味深い報告によると（原ひろ子『ヘヤー・インディアンとその世界』平凡社）、彼らは「インディアンはね、夢で知るんだよ。このことは白人にはわからないさ。夢はインディアンのものだからね」と誇らしげに語ると言う。彼らは将来への予見や、選択や判断の依りどころとして強く夢に依存している。ヘヤー・インディアンは、一人ひとりがその夢を通じて、自分の守護霊を知り、それを大切にしている。それは、ビーヴァーやテンやクズリなどの動物で、夢に出てくるその守護霊の導きによって、彼らはその行動を律している。なかなか面白いのは、その守護霊はいつも正しいことを言うとは限らず、人間を騙したり、からかったりもするようである。

このようなインディアンの生き方について、原ひろ子は次のような的確な評価を述べている。

「人が人に対して命令したり、忠告したり、あからさまに拒否したりしてはいけないという命題のもとに生きるヘヤー・インディアンが、個人個人の意志決定に際して、『もう一つの自己』ともいえる守護霊に依存し、『休む』という行為を場に守護神とコミュニケートして人格のバランスを保つということは、まことに見事な文化適応であるといえよう。」

確かに、これはまことに見事である。しかしわれわれ現代人は、人が人に命令したり、忠告したり、「Noということが大切」と思ったりする社会に生きている。インディアンの守護霊の忠告は、現代人の合理主義的観点からは受けいれられぬときもあろう。とすると現代人は、夢に対してどのような態度をとればいいのか、そこに実際的な問題が生じてくる。

実際的問題

現代社会に生きることを、われわれは選択しており、これを、たとえばヘヤー・インディアンの社会に急激に引き戻すことなどは出来ない相談である。「自然に還れ」などという講演を新幹線に乗ってアチコチ行って、無反省にするような生き方も、あまりしたくない。われわれが近代文明から受けている多くの恩恵を否定することを提案する気は、筆者にはない。しかし、われわれはヘヤー・インディアンの例をとって言えば、ともすれば、自分の守護霊から切れた存在になり下っているという自覚は必要である。このことは、現代人の不安の根源にある問題なのだ。

守護霊との切断を回復する試みとして、宗教や芸術が存在する。そのことを他から与えられるものとしてではなく、自前でやろうとするところに夢分析の効用がある。このように考えると、夢内容をすぐに自我にとって了解可能なこととして「解釈」するのではなく、イメージそのものをもっと大切にする態度、夢体験を重視する態度で夢に接しなくてはならないことがわかるであろう。

しかし、そこには重大な危険性がある。夢の重要性を強調してきたが、何と言ってもわれわれの生きている現代社会は、一般に守護霊の有無よりは財産の有無の方に重きをおいていることを忘れてはならない。現代社会のなかに生きつつ夢を大切にするには、それ相応の工夫を必要とする。このことを忘れていると、夢に心を惹かれたばかりに社会から孤立してしまうことになる。

孤立ぐらいならまだいいし、むしろ、それを好むという人もあるだろう。それよりも、夢イメージの強烈なインパクトにさらされたため、自我の統合性が破壊されてしまう場合は、強い精神状態、幻覚や妄想などが生じてくるのである。従って、分析家は夢分析の依頼を受けたときも、簡単に引き受けることなく、夢分析の過程に耐えうる人であるかを、よく判断しなくてはならない。特に、自我の弱い人は無意識の力が強いために、興味をひく夢を見ることが多く、また不思議な共時的現象にまきこまれることが多いので、分析家がそれに魅せられて、引き受け勝ちなので、その点はよくよく注意する必要がある。この世に生きていく上で、ともかく夢分析をしなくてはならない、などということはないのである。

夢をすぐに解釈するよりは、夢のイメージそのものを重視すべきだと言いながら、夢分析などという用語を用いるのは矛盾しているようだが、やはり「分析」という用語が内包している、細部にわたって検討してゆく態度を失ってしまうと、前述したような危険が容易に生じてくるので、筆者としては、「夢分析」という言葉を今も用いている。この態度を失うと、まさに「すべてのことはすべてのこと」という混沌に陥ってしまうのである。

夢を生きるということは、夢によって得たことと外的現実とが大いにからみ合ってくることを意味する。夢が告げることによって、われわれは自分の生き方についての厳しい反省を強いられたり、その改変のための努力を必要としたり、外的生活と夢の要請の間に強い葛藤を感じたりする。これらのことを、己のこととして引き受け、自ら責任をもって生きる決意がなかったら、夢分析をしても無意味である。時に美しい夢を沢山見ながら、のんべんだらりと生きている人がいるが、こんなのは問題外である。夢分析は強い倫理的決定力を必要とする。

夢イメージを暫らく抱きかかえている強さも持たねばならない。大切なイメージをおいそれと他に示してしまうのではなく、ずっと抱きかかえていてこそ、それは適度に熟してくるのである。『今昔物語』を見ても、大切な夢を不用意に多言してしまって失敗する例が語られているし、ヘヤー・インディアンは、「よい夢」は他人に喋ってはならないとしている。このように自分の力でかかえている力がないと、夢は意味を失ってゆく。それは時に、二、三年にもわたるときもある。

外的現実のみではなく夢に注目することによって、われわれの生活がより豊かになる――ということは、楽しみも倍加するが、苦しみも倍加することなのだ。苦しみなくして真の楽しみはあり得ないのだから、これも仕方ないことである。

箱庭療法

箱庭療法について

箱庭療法は随分と一般に知られるようになったので、今更説明することもないかも知れないが、一応は簡単に説明をしておく。これは、ロンドンの小児科医ローエンフェルトが子どものための心理療法の一手段として考案し、一九二九年に最初に発表した。それを、ユング派の分析家、ドラ・カルフが発展せしめ、Sand Play Therapy（砂遊び療法）として確立した。筆者はそれを一九六五年に日本に紹介し、箱庭療法と名づけた。以後それは日本で大いに発展して、日本箱庭療法学会も、会員が千名余になる隆盛ぶりである。

箱庭療法は、することは簡単で、57×72×7㎝の箱に砂を入れ、その他に多くのミニアチュアを用意し、「これで何でも好きなものを作って下さい」と言うだけである。図2は、カルフ夫人が誰かの箱庭を見ているところで、これで大体の感じがわかるであろう。なお、この写真はカルフ夫人に筆者が最初にお会いした、一九六二年当時のものである（残念なことに、一九九一年一月にカルフ夫人は永

図 2

図 3

眠された。そこで記念にとも思って、出来の悪い写真だが、敢て掲載することにした）。

クライエントが箱庭を作ると、その後で悩みについて話合いをしたり、子どもの場合であれば他の遊びをしたりするが、作品そのものについてあまり話合わないのが特徴的である。通常の心理療法と同様に、それは一回で終ることなく継続し、また箱庭を作って貰うが、毎回作る人はむしろ珍しく、箱庭を作らずに話合いや遊びで終ることもある。このように継続してゆくことによって治療が行なわれるが、作品を通してみると、そのなかに「流れ」を見出すことができる。現在は、箱庭療法は大人にも有効であることがわかってきたので、子どもにも大人にも用いているが、大人に対しても、治療者はその作品の「流れ」が自然に流れることを尊重して、治療が終結するまでは、作品についてあれこれ言わないで見守っている。

図3に示すのは、自閉的な傾向のあった幼稚園女児の一回目の作品である。実に多くのものが入れこまれているが、治療者は、箱のほぼ中央の椅子に坐っている女の子に注目した。これは、おそらくこの子の自己像を反映しているのだろうが、その周囲の守りが弱く、あまりにも多くのものが雑多に侵入してきている。彼女を何とか「守る」ことが大切だ、というのが治療者の思ったことであった。その後は、だんだんと周囲にある雑多なものが整理されてゆき、真中の女児のあたりが柵などで少し守られてゆくようになった。そして、遂には、乳母車に乗った女の子とその傍にいる犬とだけの作品になる。最終回は感動的で、箱のなかに小さい椅子と犬を入れ、自分自身が箱の中にはいって、その椅子に胸を張ってまさに王者のように坐ったのである（河合隼雄編『箱庭療法入門』誠信書房）。

このような過程を見ていると、この幼稚園児がその年齢なりに、自我をつくりあげてゆく様子がよくわかるし、これに相応して、この子の幼稚園での行動も著しく改善されてゆくのである。

筆者がわが国に箱庭療法を導入した理由は他にもあるが、その一つとして、以上のような過程は、箱庭の作品をスライド写真にして示すと、誰に対しても非常に簡単に了解して貰いやすいからである。紙数制限のために、それらについてここに例示できなくて残念であるが、それらのなかには素人目にも、よくなってゆくのが一目瞭然としているものがある。たとえば、家の外に出ると一言も話さない子（場面緘黙児）が、最初の作品としては、箱の左手前の片隅に、家と柵と木を一本置くだけ、というような場合がある。ところが、次回にはその家の領域が少し増え、木が三本置かれる。このようにして、だんだんと領域が広がってゆき、そのうち犬などの動物が置かれ、次には人間が登場する。こうして、箱庭全体に豊かな世界が展開してゆくうちに、本人が家の外でも話をするようになってくる。

このような作品を示すと、まったく異論のない形で、治療の流れが納得できるのだが、ここで実は、大きい疑問が生じてくる。「いったいこの治療で治療者は何をしたのか」ということである。このことを、「この治療では、本人がよくなってきたから箱庭が変化してきたのか、あるいは、箱庭が変化してきたからよくなったのか」という疑問の形で述べる人もある。よくなってきたから箱庭が変化したのなら、別に箱庭を作る必要はないし、もし、箱庭が変化することによってよくなるのだったら、「よい箱庭」を作るように、もっと指導やら助言をするべきである。いずれにしろ、治療者がその傍に居るだけ、というのは不可解である、というのである。これはもっともな疑問であり、そこにこそ心理療法の秘密が隠されている、と言うことができる。

「創ること」と「癒すこと」

心理療法の根本は自己治癒、つまり、クライエントがそれ自身の力で治ることである、と筆者は考えている。と言っても、クライエント本人の意志の力によって治るのではない。クライエントの無意識内に潜在する自己治癒力を活性化することが必要であり、そのためには、治療者や箱庭が必要となってくる。

自己治癒力と言っても、それはそれ以前の古い自我を破壊する力も含んでいるので、当然それを発揮することに対する恐れが、自我の方に生じてくる。そこで、自己治癒力が活性化されるための「守り」を必要とし、その役割をするのが治療者であり、箱庭という「枠」なのである。しかも、それは「守り」であるだけではなく、無意識に存在する自己治癒力に対して「開かれた」ものでなくてはならない。治療者のこのような役割をカルフは非常に適切に「自由にして保護された空間」を提供するものである、と述べている。箱庭の道具もまさにそのとおりであり、「自由にして保護された空間」を提供しているのである。クライエントは自由に何を置いてもよいが、それは「枠」によって守られている。

図4

　このような空間に、クライエントは箱庭という表現をすることによって、その自己治癒力が引き出されてくる。このとき、そこに表現されるものは、単なるカタルシスではなく、新しい創造であることが大切である。クライエントが意識的に把握していることのみを表現するのではなく、その表現がクライエントの理解を超えた創造性をもっているのである。従って、それはクライエントを癒す力をもっているのである。

　実際、箱庭を作ってみるとわかることだが、意識的なコントロールによって、表面的な作品をつくることも可能であるが、心の深い層が関連してくると、自分でも思いがけないものを作ったり、作っている過程において、「やった」というようなパーフォーマンスの快感を感じるときもある。あるいは、意識的には、あまり熱心にならず、いい加減に置いたと思っていても、後から見ると、多くのことや意味深いことがそこに含まれていることに気づくこともある。箱庭を置くことは、すなわち創造活動であり、それが癒しに通じるのである。

箱庭療法において、砂が用いられていることの意味は大きい。現代人は「土に触れる」機会があまりにも少なくなっている。図5、図6など後に論じる作品では、砂による造形が大きい意味をもっているが、このようにして、成人が砂に触れることは、自己治癒力を活性化させるために、自我のコントロールを弛めることに大いに役立つのである。

現代人の自我は身体性からあまりにも切れた存在になり勝ちである。宙に浮いた自我を深い層と結びつけるために、イメージが重要な役割をもつことは、これまでに何度も述べてきたことであるが、そのようなイメージ表現としての箱庭に「砂」があり、それに「触れる」ということは、実に意義深いことなのである。これに関連して述べておくと、上述したような点で、箱庭療法は心身症の治療にも役立っている。多くの心身症者は、最初は砂に直接触れることに抵抗を示す。何度行なっても砂には一切手をふれない人もある。しかし、そのうちに砂に触れ、深い表現が可能になってゆく。

次にまた例をひとつあげる。図4の作品は二十歳前の対人恐怖症の男子のものである。中央に乳母車のなかで寝ている赤ちゃんの姿が印象的である。左側は柵によって囲まれている。(当時は未だ箱庭療法をはじめたばかりで、これだけしか柵がなく、「もっと柵が欲しい」と言われたことが記憶に残っている。)赤ちゃんをめぐってのメルヘン的雰囲気に対して、右上隅の岩陰に戦車がひとつ隠されているのが、ひどく場違いの感じを与える。作者の説明によると、「赤ちゃんは幸福そうに眠っているが、いつ外敵が侵入してくるかわからないので、強い柵と戦車によって守られている。柵は頑丈に作ってあるが、どこからくぐったのか蛙が二匹侵入してきている」ということである。

これは対人恐怖症者の心の在り方をよく示している。未成熟なままの多幸な状態を願う自我と、それと不釣合いに強い潜在的な攻撃性。外から敵が侵入してくるから怖いのか、自分の内部にある攻撃性が怖いのか。意識的には「外」が怖いと感じられているが、本当はどちらとも言えないのである。そこで、強い防衛の柵をめぐらせて弱い自我を守ろうとする。しかし、治ってゆくためには、防衛の柵を弱めて、もう少し内界・外界の流通をよくし、不釣合いな攻撃や防御が不必要であることを、だんだんと認識してゆかねばならないのである。そう思ってみると、頑丈な柵をどうくぐったのか、蛙が二匹入ってきているのは、既に治癒への動きがはじまっていることを示している。このような蛙が二匹現われるのを見ると、治療者も嬉しく感じるものである。

この場合は、次の箱庭では頑丈な柵がなくなったのだが、侵入者は怪獣の姿をとって現われてくる。以後、凄まじい怪獣との戦いの作品がながながと続くのである。その経過については省略するが、そのように治癒に必要な戦いのドラマの幕開けが、最初の二匹の蛙の姿に示されているところを読みとって頂きたい。

「おさめる」こと

箱庭を作っている人が、暫らく迷ったあげくに最後に何かを置き、「これでおさまりました」と言うことがある。この「おさめる」という表現がなかなか含蓄が深いと思うのである。それは「まとめる」とは異なっている。「まとめる」ためには何らかのプリンシプルが必要である。それによって、まとめることが可能になる。それに対して「おさまる」方は、別にプリンシプルを必要とせず、「うまくおさまっている」という一種の体感のようなものが重要になってくる。時には、いろいろな考えや原理が拮抗しているなかで「何とかおさめる」などということもあるかも知れない。また逆に「どうしてもおさまりがつかない」ということもある。

箱庭の特徴のひとつは、イメージを箱のなかに作品としておさめねばならないことである。これは夢を報告したり、悩みについて言語によって話合うのとは異なっている。つまり、箱庭はイメージに「一応のおさまり」をつけて表現するので、言うならば、その作品そのものに作った人の「解釈」がはいっているのである。作者は作ってゆきながら、自分なりに「これではおさまりがつかない」などと考えて、適当にアイデアを変更したりしてゆく。つまり、その間に本人の「解釈」がはいるし、「おさまりをつける」という、治癒へのはたらきも混入されてくるのである。このことも、箱庭療法において、ただ作っているだけで治る、ということが生じやすい一因となっている。

このとき大切なことは、治療者の心のなかにおいて、クライエントの作る作品が「どうおさまっているか」ということである。治療者の心にそれがうまくおさまっていないときは、――それを治療者が言語で表現するかしないかに関係なく――治療は進展しない。あるいは経過が破壊的な方向に向いてしまう。治療者は傍に居て、ほとんど何もしていないのに、その結果を見ると、治療者の能力差が歴然としてくるのだから恐ろしい。

もちろん、箱庭でも「おさまりの悪い」作品がある。しかし、それは必ずしも困ったことではない。そのおさまりの悪さが次への発展の契機ともなるからである。そのようなときは、治療者は次回の作品のときに、その点をよく注意して見ていなくてはならない。夢の場合もそうであるが、箱庭の場合、全体の流れをよく見る必要がある。個々の作品のみならず、それらは全体としても「おさまって」いるからである。

次に示す例(図5)は、箱庭療法の治療者になる人が訓練のために自ら作ったシリーズの最終回の作品である。治療者になるためには、自らが経験してみることが必要である。この人(女性)は、このために遠くから飛行機で来て、暫らく滞在し、帰っていったのであるが、この作品は、自分が空路帰郷することをイメージして置いたものである。中央の道は虹の架橋のように空路を示し、自分自身を示す女性が帰ってゆくのを、男性が迎えている場面である。道の回りに円形に置かれた白い石は、海の波の白さを象徴的に表現している。女性の後には花が咲き、男性の後には鳥が従い、花も咲いている。

この作品は、彼女が帰郷しても、既に彼女の後盾となる男性像が存在して待ってくれていること、つまり、彼女にとっての指導者像が既に内在化されていることが示されている。それを取りまく動物や植物の華やいだ雰囲気は、それを祝福しているかのようである。暫らくの指導を受けた後に、彼女はそこを離れて、一人で遠くで仕事をしなくてはならない。そこには不安や心細さがある。その事をどう「おさめる」かについて、この作品は解答を与えている。というか、これを作ることによって、おさまりがついて行ったと言うべきか。彼女は郷里に帰っても、もはや一人ではないのである。内的な支えが確立すると、それほど外的に依存する必要もないのである。

夢と箱庭

イメージとして重要な夢と箱庭について、ここで少し比較しておきたい。どちらも心理療法において、よく用いられるからである。まず、いずれにしろ、「夢を覚えられない」、「箱庭など作る気がない」と言われると、それまでのことであるが、「もし、気が向いたら」と言っておくと、治療の進展に伴い、夢が記憶されたり、箱庭を置きたくなったりするのは同様である。

両者を分けるのは、自我の関与の在り方の差であろう。箱庭の場合は、自分の意志で作るのだから自我関与の度合いが強いのは当然である。従って、クライエントが逃避的な態度を取ろうとすれば取れる欠点がある。その点で、夢の方は無意識の自律性が強いので、ごまかしにくいところがある。ただ、自我の関与が弱いので、特に断片的な夢などでは、その意味を把握し難い。

図5

箱庭は既に述べたように、ひとつの「作品」的な感じがあるので、毎回作って貰うのは一般に無理があるように思われる。その点、夢は大体において、毎回報告される。といっても、夢は一週間の間のものを記憶してくるのだから、まずひとつくらいはある、というものであろう。箱庭は作っている本人が見ながら作っているので、既に述べたように、その人なりの「解釈」がそこに込められているようなところがある。この点で、「作っているだけで治る」現象が夢の場合よりも生じやすい。もっとも、夢の場合も、報告を聴いているだけで治ることもあるが。また、箱庭の方が、本人が「おさまり」をつけて行くだけに、危険性も少ないように思う。夢分析の方が、訓練を受けていない治療者にとって不可解なことや、危険性の予知に欠けることが多く、危険である。

箱庭療法では自我が関与して、作ってゆくので、それを「説明的に」作ったり、美的関心が強くなりすぎたりすると、治療の進展を妨げることになる。「説明的」というのは、箱庭で、「この鬼は私で、これを追いかけている虎は私の母です……」と言うような作品をつくるときのことである。このようなものでも、無意識的な要素がそこにつけ加わってくると面白いが、単にそれだけという場合は、普通の会話に近づいてしまうので、あまり意味がない。美的関心が強いときは、見た目に一般的な意味において「よい」作品を作ることに意識が用いられ、それが深い無意識とのかかわりに対する防衛として用いられる場合である。その点、夢ではそのような防衛は生じ難いのである。

次に体験の在り方を考えると、夢の場合、そのなかで自分自身が体験していることの意味が大きい。その点、箱庭では、本人が「作っている」ので直接体験ではない。箱庭のなかにもときに「自分自身」が登場するときがあるが、夢の直接体験には比べようがない。もっとも夢の場合、せっかく体験をしておきながら、「夢だから」というのでそれと距離を置こうとする人もある。

筆者の場合は、夢分析を行ないながら、箱庭を作りたい人は作って貰う、というような併行的な使用を行なっている。時には、箱庭療法が主で、あまり夢をきかないようなときもある。カルフさんは箱庭療法家として、あまりにも著名であり、来談する人もはじめから箱庭を作るつもりで来ているので、専ら箱庭のみを用いていたようである。

箱庭療法が自我関与が強く、たとえば、集中的に毎月一週間続けて置いて貰うようなことをすると、全体を「おさめる」努力が強くなりすぎて、一週間の間に相当な過程が進行したように感じられるときがある。しかし、イメージというものが強い凝集性をもっていることから考えると、その一週間に凝集して表現されたことが現実生活のなかに展開してゆくのには、長い期間を必要とするときもあり、そのことを考えずに、箱庭の作品のみから、「治った」とか「よくなった」とか速断することは危険である。イメージをすぐに外的行動に結びつけないように注意すべきである。

ゲニウス・ロキ

哲学者の中村雄二郎氏と箱庭療法についての対談をしたときに、同氏が強調したことのひとつとして、ゲニウス・ロキ（場所の精霊、土地の精霊）ということがある。これは、箱庭療法を考える上で大切なことである（河合隼雄・中村雄二郎・明石箱庭療法研究会『トポスの知――箱庭療法の世界――』TBSブリタニカ）。

ゲニウス・ロキというのは、ある場所や土地がその精霊《スピリット》をもつという考えである。現代人はどうしても人間の個人を主体として考えるが、このことは既に述べたような、宙に浮いた自我の存在ということになり勝ちである。近代自我は、時間と空間とを分けて考え、ある特定の時間、空間に自分が存在し、また次の時間には、自分はどこかに移動している、つまり、自我を主体として考えている。しかし、ゲニウス・ロキの考えでは、空間が均質的に存在しているのではなく、ある特定の場所において時間・空間が一体化して、そこにおいては、その精霊が主体性をもち、そこにおいて生じる現象のなかに、人の方が参加させられることになる。箱庭療法においては、治療者は何もしないと言っているが、それは、その「自我」の主体性を放棄して、ゲニウス・ロキのはたらきに身をまかせているのである。従って、これは何もしないから楽だなどというのではなく、大変な心的エネルギーを必要とすることとなのだ。

箱庭療法を行なう空間がゲニウス・ロキのはたらきに満たされてくると、そのはたらきのなかで、箱庭の作品ができあがってくる。従って、その作品はスライドに取って映すなら、一瞬のうちに見ることができるが、実は、時間と空間との一体化したスピリットの顕現として見ることもできるのである。つまり、一瞬に見られる一枚のスライドも、それを時間的に展開すると、ひとつの物語として表現される可能性をもっている。

このようなことを反映するものとして、箱庭の作品を基にして、お話をつくって貰うこともある。次にそのような例を示す。

図6は五十歳代の抑うつ症の主婦の作った作品である。これまでに何回かの作品を作った後に置かれたものである。海に浮かんだ帽子が実に印象的である。帽子の上には二人の子どもが乗っており、陸を離れてどこかに航海に行きそうな雰囲気である。この作品に治療者はあまりにも心を動かされたので、これを基にして話を作ってみることをすすめた。すると、次回に話を作って持って来られた。それは、「赤いリボン」と題されていた。

図6

赤いリボン

「アサ」は乳しぼりの上手な女の子です。
牧場で、今日も一日乳しぼり。

アサの持物は白い大きな帽子だけ
それをかぶるとなぜか安心するのです
「いつ、誰に、もらったのかしら?」
アサは　みなし児だったのです

働き者のアサが　この頃沈んでいます
「わたしは　いつまで　こうしているのだろう」
帽子も答えてくれません

ある日　アサは花を一ぱい摘んで、帽子を飾りました。

「どうか　お願い　もっと辛くてもいいから、ちがう　ところへ　ゆきたいの」

そのばん　夢を見ました
白い小鳥が2羽　白いリボンをくわえてとんできて
「このリボンを　朝露で赤く染めてごらん！」
目がさめたアサの目の前に、ほんとに白いリボンがあるのです
アサの体の何十倍も長い大きなリボンです

「朝露で赤く染めるのですって！」
誰でも驚きます
朝お日さまが顔を出した　その一瞬だけ
あさつゆがルビー色に輝くのでした
それを溜めて　夜のうちにそめなくては！
アサは固い決心をしました

どれだけ多くの　朝と夜がすぎたでしょう

とうとう白いリボンのはしまで赤く染まったとき
疲れて、そこでウトウトしました

「アサ　アサ」と誰かが呼んでいます
目をあけると、赤服を着た男の子がひとり。

「あなたは　だあれ?」

「ぼくの名はルビー、さあもっと目をあけてみてごらん」

アサはアッと驚きました

大きな白い帽子が海に浮び　アサとルビーがのっているのです
何という美しい海の色でしょう
あの赤いリボンは白い帽子をしっかり巻いて
そして海へとのびています
リボンがゆれると、帽子は気持よく波の上を滑ります
アサはもうひとりぼっちではありません
アサはいま　新しい国へゆくのでした。

この物語について別に「解釈」しなくても、この人の抑うつ症が創造性の契機によって変化してゆき、新しい世界が以後この人のために開かれてくることが感じられるであろう。

ひとつの絵は物語として語れば長くなるし、長く語られる物語も逆に、一瞬に味わうことも可能なのだ。それがゲニウス・ロキの不思議であり、そのような場所においてこそイメージがその本来的な意味を露わにするのである。箱庭療法の場は、そのような場でなくてはならないのである。

宗教とイメージ

神体験とイメージ

宗教の世界はイメージに満ちている。仏教の寺院に行くと、沢山の彫像や図像を見ることができる。偶像崇拝を禁じているキリスト教でも、カソリックの教会にはいると、そのなかがイメージによって満たされていると言っても過言ではない。もちろん、カソリックを批判して生じてきたプロテスタントの教会では、できる限りイメージを排除しようとする意図さえ感じられるが、一見プレーンに見える内部も、採光の具合、祭壇の在り方などを見ると、建築物全体がイメージ性をもっていると感じられる。

それでは、アニミズムの場合、石や木や山などが神であり、そこには別に彫像や図像などが存在しないわけだから、これらはイメージと無縁と言えるだろうか。実は、ここに宗教とイメージとの関連の根本問題があると考えられるので、まずそのことを取りあげてみよう。

岩田慶治『からだ・こころ・たましい』（ポプラ社）は青少年向きに、宗教とは何かということについて述べている書物である。できるだけ平易に書かれているが、そのためにかえって、宗教の本質について端的に表現されているところが多く、教えられる。彼はアニミズムについて、それは「山や自然のなかで、出会いがしらにハッとして神を感じる、そのときになりたつ宗教だ。とびあがるほどおどろいたかとおもった、その一瞬に、こころがスーッとおちついてすみとおった感じになる。そこに神がいたとしかいいようのない『経験』なのだ。」と述べている。

ここで大切なのは、その人が何を見たのかではなく、その人自身の『経験』なのである。森の中を歩いていて、突然、途方もなく大きい木に出会う。その一瞬に彼の感じたもの、それが神体験なのである。そこで、彼はその木に何らかの飾りをするかも知れないし、彼の経験を共有した人たちも、今後、その木にお参りをするかも知れない。だからと言って、その木を観察の対象としてみる現代人が、アニミズムは「木を神としている」と断定するのは間違っている、と言わねばならない。その木は神であるのかないのかなどと議論してもはじまらないのである。「一瞬の体験」が神なのだ、と言っても、それはその木をみることによって、ひき起こされていることとは事実である。そのとき、彼の見た「イメージ」こそが重要である、と言えないだろうか。その際の「イメージ」は、内と外、見ることと感じること、などがわかち難く、その「イメージ」のなかに体験されているのである。

宗教について、岩田慶治は次のように述べている。「宗教というのは、人間のつくりあげた文化という衣装はそれとしてみとめながら、そのなかにつつみこまれている事物のほんとうのすがたをたしかめようとするこころみである。ものを見る。もののすがたをみとめる、その本質を見きわめる。あるがままの、ほんとうの自然に対面する。」と述べている。われわれは自分のつくりあげた文化によって、たとえばひとつの石を見るにしても、たとえば運動場にあれば、邪魔なものとして取りのけようとするし、時によっては、何かの重しに使ったり、金槌の代用にするときもあるだろう。そのときそのときに従って、自分との関連によって石を見ているわけだが、それは石そのものを見ているのではない。石のほんとうの姿など、誰もこれがそれだとは言えないだろう。しかし、文化のなかに位置づけるのではなく、石のほんとうの姿があるとして、限りなくそれに近い姿を見たと思うとき、その人は感激にふるえることだろう。その体験が「神」なのである。そして、そのとき、その人の見た石のイメージこそ、その宗教体験の基礎となるものである。

アニミズムとは異なり、キリスト教のような場合は、神の姿は聖典、この場合であれば聖書に語られる。聖書を有難いこととして読んでいるうちに、多くの人はその心のなかに神のイメージ、キリストのイメージを描くのではなかろうか。その際、画家がその内的イメージを絵画や彫像として提示し、多くの人がそれによって、神の体験をするならば、そこに提出されたイメージが、神体験の契機を与えるものとして尊ばれることになる。

世界中のいずれにおいても、芸術のはじまりは、既に述べたような意味での宗教体験と関連するものであったろうと思われる。ただ、ここに生じてくる問題は、内的体験を抜きにして、外在化されたイメージをすなわち神である、というように思いはじめることである。それと、これはすべての宗教につきまとうことであるが、宗教が組織化され、その社会との共存をはかってゆくためには、最初の宗教体験にいろいろな文化的附加物がつけられて「神」のイメージがつくられてくる、という問題が生じてくる。これはどうしても避け難いことである。このようなことが重なってくると、石を神とすることや、絵画を神とすることなどに伴なう矛盾や問題を生じてきて、すべての偶像、イメージを破壊しようとする運動が生じてくるのもよく理解できるのである。この点については後にもう一度論じるが、イメージというものは常にいろいろな意味での二面性をもっていることを知っていなくてはならない。

身体性

イメージという場合、「見る」ことがまず考えられるが、それは何よりも存在全体としての「体験」であり、そのような意味で、身体性とは切っても切れない関係をもっている。多くの宗教において、身体の動きが重要な役割をもってくるのは、このためである。ここでいう身体性とは、自分が生きている身体のことであって、自我が客観的対象として見る身体のことではない。

現代人はどうしても知的な思考を優先させる傾向が強いので、身体性ということから切れた存在になり勝ちである。従って、宗教に対しても、それについて書物を読んだり、考えたりだけするのだが、ある宗教をほんとうにわかるためには、自分の身体も用いねばならないことを、よく知っておく必要がある。

たとえば、ヒンドゥー教には、沢山の神々が存在する。その図像も豊富にあって、われわれは、シヴァ、ヴィシュヌ、サラスヴァティーなどの姿を絵として見ることができる。しかし、正直のところ自分としては、これらの像を「神」として認めることは困難に感じてしまうのである。ところで、前述の岩田慶治の書物では、ヒンドゥー教について、「からだでおぼえる神々のわざ」という興味深い題を付している。これは、ヒンドゥー教における身体像の重要なことを、一言で表わしているものである。

岩田によると、ヒンドゥー教の寺院では、男も女も体をなげ出して祈る。「からだ全体をぶつけるダイナミックな祈り」なのである。そして、祈願のかなったときは、寺院の外まわりを体を地にふせたまま、ごろごろ回転させてまわる。体は泥まみれになる。

「ヒンドゥー教の祈りはあくまで全身運動なのである。からだを神にささげる。苦行することで神にまごころをしめす、という特徴があるようにおもわれた」と岩田は言う。

インドの気候のなかで、体を使っての祈りをしてはじめて、あの神々のイメージが、深い意味をもってくるのではなかろうか。イメージの問題の難しさは、意識の表層でも深層でもイメージの把握は行なわれ、本章で取り扱っているのは、あくまで深層におけるイメージなのであるが、そのことが理解されないと、議論はまったく意味をなさない。ヒンドゥーの神々のイメージで言えば、筆者が電車のなかで、ひとつの絵としてヴィシュヌを見ているときは、まったく表層的な把握しかできないが、ヒンドゥー教の寺院で、何度も体を投げうつ祈りをした後に見る人にとって、それは神のイメージとして顕現してくるのである。ここで、身体の在り方がかかわってくるところが重要なのである。

ある坐禅をした人の体験談として、次のようなことを聞いた。坐禅をしていると、いわゆる「魔境」として、いろいろなイメージが生じてくる。そのときに、そのようなイメージにかかわらないのが禅の特徴である。その経験をもった人の話によると、そうなったとき、魔境のイメージを何とかしようとか、それについて考えることなどをせずに、自分の姿勢に注目すると、坐禅の正しい姿勢が崩れているときが多く、そこで姿勢をただすと、すっと魔境のイメージが消えてゆく、というのである。ここで、イメージそのものよりも、自分の姿勢に注目することを、非常に興味深く感じたのであった。

なお、ついでに述べておくと、禅の場合、これらのイメージに注目しないのは、イメージそのものを軽視しているのではなく、できる限り早く深層に到ろうとするため、いわば、途中に生じるイメージに心を奪われないようにしている、と考えられる。深層心理学の場合、それらのイメージにもかかわってゆくのは、それぞれの層においてそれなりの意味を認めているわけだから、当然のことである。深層心理学の場合は、日常世界にいかに実際的に生きてゆくか、も大切な問題と考えているので、これらのことも取りあげるわけである。禅の場合、できる限り、もっとも根元的なイメージにまっしぐらに進んでゆこうとしているわけである。

身体の在り方とイメージの関係ということではなく、自分の身体の動きや在り方自身がイメージである場合としては、多くの宗教における儀礼や踊りがある。踊りでは、自分の身体の動きそのものがイメージとなっている。従って、多くの宗教においては、踊りが重要な要素となっている。

最近、スリランカの悪魔祓いのフィルムを見せて貰う機会があった（これについては、上田紀行『スリランカの悪魔祓い』徳間書店、参照）。シャーマンの場合は、シャーマンと悪魔（患者）との対話や、シャーマンの祈りなどの言葉も大切だが、それより以前に、相当な身体運動があることも無視できない。悪魔がついていると考えられる患者の踊りなどは凄まじい。エネルギーの爆発である。このような身体の動きそのものが、イメージの表現としてはたらいているのだ。

シャーマニズムのこのような例を見て思うことは、患者だけではなく、それを取り巻く村人全体がこれに参加しているという事実の重さである。悪魔祓いのドラマは村人の観ているところで、というよりは、全体の人たちの「参加」によってなされる。これは、近代的な治療が患者個人を対象としてなされるのと、まったく異なっている。村を含む全体的な体験のなかで、患者の変化が期待されるのである。

個人と村との関係は、どこかで、自我と身体（というより、その個人の存在全体）という図式と重なるところがある。宗教的な癒しは常に「全体的」であろうとする。それに対して医学の治療は「患部」を狙い打ちするのである。これは、病気の在り方によって、どちらがいいとも悪いとも言えないが、この区別をわれわれはよく知っておかねばならない。そしてまた、近代人として「個人」ということを重視しはじめた限り、現代の人間に対して、シャーマニズム的技法を行なうことが、どれほどの効果と意義をもつかということについても自覚しておく必要がある。さもなければ、医学とも宗教ともつかぬものを、見境いもなく、現代人に適用しようとするようなことが生じてくるのである。

シンボルの盛衰

宗教の世界はイメージに満ちている、と述べた。しかし、見方を変えると、宗教の世界はイメージの死骸に満ちている、とも言うことができる。たとえば、クリスマスになると飾るクリスマス・ツリーは、どうしてあのようなことをするのだろうか。クリスチャンでこれに答えられる人は少ないのではなかろうか。あるいは、仏教の寺に行き、そのなかにある数多くの飾りなどについて、その意味を知る人はあまりないだろう。あるいは、たとえそれについて説明できる人が居たとしても、それらのイメージはその人にとって「生きた」ものとなっているだろうか。

このことは、宗教におけるイメージまたはシンボルの問題の難しさをよく示している。(イメージとシンボルの関係については、第二章「イメージとは何か」において既に論じたが、本書ではイメージと言う語によって、シンボルを含めた包括的なものを表現している。)シンボルは「明白で直接的な意味以上の何ものかを包含し、それ以外のものによっては表現できないもの」として、ユングは考えていた。初期のキリスト教徒にとって、十字はキリストの愛の文字どおりのシンボルとして作用していたが、年が経ってくると、それはキリスト教徒であることを示すための単なる記号に堕落してくる。つまり、シンボルが形骸化してくるのである。このようなことのために、多くの宗教におけるシンボルが最初にそれにそなわっていたヌミノースを失い、単なる記号や飾りとなってしまう。あるいは、時に、美術的価値や骨董的価値の対象になってしまうのである。

シンボルが力を失った最大の理由は、自然科学の興隆であろう。宗教においても「みる」ことは大切であるが、自然科学はそれとまったく異なる方法論によって、世界を「みる」ことに努めたのである。宗教においては、イメージを人間の意識の深層において見ること、その主観的体験が基礎となっている。これに対して、自然科学は意識の表層において世界を見る。そして、その際に、できるかぎり自分をその現象に関係させず、対象化して「みる」ことが必要である。この方法は、観察者という個人に関係のない普遍的な理論を見出すことができるので、極めて強力である。従って、このような方法によって、全世界の現象がすべて解明できるとさえ思われた。

そこで先に述べた方法論の差をまったく無視してしまって、宗教的シンボルを「科学的」に解明すると、すべてがナンセンスということになってくる。そこで、啓蒙主義の時代になって、急激に宗教シンボル——および、宗教そのもの——の衰退が生じるのである。これはむしろ当然のことで、それまで宗教的に「みる」ことが、科学的に「みる」ことの世界に侵入し、多くの偽の科学をつくりあげてきていたからである。たとえば、シャーマニズムによる癒しの方法によって伝染病を治すよりは、西洋医学の方法による方が効果的なことは明らかである。

しかし問題は、啓蒙主義によって、それまでのすべての宗教シンボルを無意味として棄て去ろうとしたことにある。これに対する反作用として、神経症の問題がクローズアップされ、深層心理学が、啓蒙主義が見棄てた、「夢」などを再び取りあげようとしたことは、非常に興味深いことである。

二十世紀は、一度棄てられたシンボルの意味を再点検することに大いに力がつくされた時代である。これには、多くの文化人類学者が、他民族を客観的観察の「対象」として把えるのではなく、自らがその文化のなかにはいりこんでゆき、そこで共に「生きる」ことによって、その宗教を理解しようとしたことが大きく貢献している。それまでは未開人の変な風習としてのみ考えられていたことに、深い宗教的意味のあることを見出し、シンボルが生きた価値を有していることを、明らかにしたのである。

一方、深層心理学は神経症の治療という、極めて実際的なことから出発しながら、その治癒の過程のなかで、宗教的シンボルが重要な役割をもつことを見出してきたのである。そのひとつが、次に取りあげるマンダラであるが、このように古くから存在していた宗教的シンボルが現代人にとっても意味をもつことを見出した点で、深層心理学の宗教への貢献は大きいものがあったと言うべきである。

このようにして、一度は死んだかと思われた多くの宗教的イメージやシンボルが、今世紀になって復活してきたのである。このため、青年たちが宗教に関心をもったり、東洋の密教が西洋人の心を惹きつけたりするような現象が生じてきた。この際注意しなくてはならぬことは、それが単にプレ・モダンへの逆行であったり、偽科学の復活になったりしてはならぬということであろう。

マンダラ

現在ではマンダラと言っても、実に多くの人がそれが何かを知っている。もちろん正しいことは知らぬにしても、聞いたことはある、という程度には知っているのではなかろうか。筆者は一九五九年にアメリカに留学し、恥かしいことには、アメリカのユング派の人を通じてはじめてマンダラという言葉を聞いたのであった。おそらく、その頃は多くの日本人が筆者と同様の状態だったのではなかろうか。そして、当時の筆者の実感としては、マンダラと言うのは、何だか眉唾の存在というくらいの感じであった。

その後、スイスに留学したが、ユングは既に死亡し、彼の自伝とも言うべき『思い出・夢・思想』（邦訳『ユング自伝』みすず書房）が出版され、それによってわれわれもユングの「マンダラ」体験を知ることができたのである。それによると、ユングはもともと東洋のマンダラのことなど全然知らなかったのである。それは彼の体験した自己治癒の過程から、自然に生じてきたものである。

彼の『自伝』によると、一九一二年、彼がフロイトと訣別した頃、彼が自ら「方向喪失の状態」と呼ぶ異常な精神状態を体験する。それは一九一六年頃まで続き、幻覚や凄まじい夢の体験を伴なう精神病かと思われるほどの状態であった。このような状態のなかで無意識との対決を行ない、それを克服しはじめた頃、ユングは自分の内的な要請に従って、円形の図を描きはじめた。彼は自分でもわけがわからないままそのような図を沢山描いた。

「このころどのくらい多くのマンダラを描いたかは、もはや覚えていない。ともかく、沢山のものであった。それらを描いている間、疑問がくりかえし生じてきた。この過程はどこへ導かれるのだろうか。このゴールはどこにあるのだろうか」とユングは『自伝』のなかで述べている。しかし、それを

ユング：1929年に描かれた黄金の城のあるマンダラ

続けているうちに、徐々にその意味がわかってきた。彼はマンダラを描いているうちに、「私が従ってきたすべての道、私の踏んできたすべての段階は、唯一の点――すなわち中心点――へと導かれていることが解った。マンダラは中心であることが段々と明らかになってきた。」と思ったのである。

一九二九年に、ユングは中心に黄金の城のあるマンダラを描いた。そのとき彼は「どうしてこうまで中国風なんだろう」と不思議に思った。間もなく、リヒャルト・ヴィルヘルムという、当時、中国へ宣教師として行きながら、もっぱら中国の古典を研究して来た人物から、中国の「太乙金華宗旨」という道教の煉丹術の論文が送られてきた。その論文には、ユングがマンダラと中心の周りの巡行などについて考えていたことと、ほとんど一致することが書いてあったのである。

彼は自分自身の経験を基にして、回復期にある精神病者に絵を描かせてみると、マンダラ的な図を描くことがあるのに気づき、彼なりに理論づけを行なっていた。しかし、当時の西洋では誰もそんなことを言う人は居ないので、一九二八年になっても、ユングは非常に慎重に彼の考えを一般に公表せずに居たのである。このようなときに、ヴィルヘルムの論文を見たので彼は非常に喜んだ。彼の考えに対する確証が思いがけないところから得られたのである。彼は「これは私の孤独を破った最初のことであった。」と『自伝』のなかに述べている。

ユングは中国風のマンダラを描いたときに、ヴィルヘルムからの論文が送られてきた、「共時性」を記念して、彼の描いたマンダラの下に、「一九二八年、この黄金色の固く守られた城の絵を描いていたとき、フランクフルトのリヒャルト・ヴィルヘルムが、黄色い城、不死の体の根源についての、一千年前の中国の本を送ってくれた。」と記したのである。このことに力を得て、ユングは一九二九年に、「太乙金華宗旨」に対するコメントを『黄金の華の秘密』と題して出版したときに、はじめてマンダラについての彼の考えを発表し、そのなかに「ヨーロッパのマンダラの例」として何例かの写真をのせている。興味深いことに、彼はそのなかに自らの描いたマンダラの絵を患者の絵と共に匿名で発表している。

ユングはその後もマンダラに関する研究を発表し続けたので、ユング派の人たちにとってはそれは非常に大事なものとなった。筆者も自らの夢分析の経験を通じても、その重要さを感じたが、日本に帰国して箱庭療法や夢分析をはじめるに当って、マンダラのことはまったく口外しなかった。もし、そのようなことを先に言ってしまうと、患者たちに先入観を与えてしまうのでよくないと思ったのである。ところが、箱庭療法をはじめると、その治療者も患者も何も知らないのに、マンダラ表現が箱庭に生じるのである。そこで、それらの例を基にして、マンダラということがあることを徐々に知らせるようにしたのである。

箱庭療法を導入してくるとき、このような方法をとったことは賢明であったと思っている。治療者も患者も自然発生的に生じてきたものを通じて、新しい体験をしつつ学ぶことができたからである。

さて、マンダラということはユング派のサークル内においては西洋でも知られていたが、一般にはほとんど知られていなかった。それが急激に知られるようになるのは、ヴェトナム戦争以後、アメリカにおいて、大麻や薬物などの助けによって、深層意識の経験をする人が急増し、それらの人が自分の体験した幻視などを理解しようとして、ユング心理学に関心を持ちはじめたためである。それと丁度軌を一にして、中国によるチベットの圧迫により、多くのチベット僧がアメリカに亡命し、彼らがチベットの密教をアメリカに伝えはじめた。これらのことが相乗的にはたらいて、一九七〇年代になって、アメリカにおいて、マンダラに対する関心が急に高まり、その流れが日本にも伝わって、わが国においても相当に知られるようになったのである。

わが国には、空海が真言密教をもたらしたときに、マンダラももちろん伝えられ、多くのものが各寺院に伝えられていたが、明治以後は一般の関心から遠く離れたものとなって、忘れ去られていた。しかし、前述のようなアメリカの傾向に沿って、わが国においても関心が高まり、まさに前節で述べた、シンボルの盛衰の典型例として、現在はもう一度一般の多くの人に注目されるようになったのである。

死後の世界

宗教的なイメージで、やはり啓蒙主義によって衰退したが、現代においてもう一度見直されているものとして、死後の世界、ということがある。

人間が死ぬとどうなるのかは、古来からの大問題である。いったい死ということをどう受けとめるのか、ということのために宗教が生じてきて、膨大な儀式や聖典などが生み出されていった、といっても過言ではない。そして、すべての宗教が試みたことは、人間は死んでもその「存在」が何らかの形で永続する、ということであった。そのために、魂とか霊とかいう考え方が生じた。死によって、すべてが「終り」となると考えるのは、耐え難いことである。人間は自分の生命を、何らかの意味で永遠の相のうちに位置づけたいのである。

死後の存在の永続と、勧善懲悪の考えが結びつくと、地獄・極楽の思想が生まれる。これは考えてみると当然のことで、生きている人たちを見ると、悪人が栄えたり、善人が苦しんでいたりするので、これは理屈に合わないとすると、死後にその報いが来ると考えざるを得ないわけである。

キリスト教やイスラム教においても、天国、地獄はある。これもまったく同様の考えから生まれきたものである。東においても西においても、宗教的天才が地獄・極楽などのイメージを描き、それは一般民衆に受けいれられてきた。

わが国においても、中世の説話を読むと、冥界往還と言われる話が相当にあることがわかる。死んで閻魔大王のところに連れて行かれる。そこで罪状が明らかになり地獄に落とされそうになるが、お経を書き写しますのでと約束したために許されて、この世に帰ってくる、などというのもある。多くの話があって面白いが、地獄の話の方が圧倒的に多いのが特徴的である。考えてみると、極楽に行ってこの世に帰りたがる人間はあまり居ないわけだから、これも当然と言えるだろう。

スウェーデンボリ（一六八八—一七七二）は、西洋における偉大な人物で、科学者・哲学者・宗教家、などと簡単には分類できないが、彼が膨大な「霊界著述」を残したことは有名である。彼は自ら「死の技術」と呼んだ方法を用い、その間は彼はまったく死んだようになるのだが、天国や地獄を訪問し、そこで見聞したことを基に著述を行なったのである。

死後の世界のイメージは長らく人類の心をとらえてきた。しかし、自然科学が発展してくると、天国や地獄を定位することが困難になってきた。天国はその名のとおり「天」にあり、地獄は地の下にあるように思われていたが、自然科学の発達によって、それらは拒否されることになった。このため、人間にとって死をどう受けとめるかが実に大きい課題となってきたのである。

死という場合、特にそれを「私の死」として考えると、これは自然科学的なアプローチを許さぬものである。他人の死に対しては、それを「対象化」して研究することも可能である。しかし、私の死となると、それは決して体験できぬことなのである。それに対するアプローチとしては、イマジネーションより他には方法がない。従って、われわれはそれぞれが「私の死」についてのイメージを形成する必要があるのだ。これこそ宗教の役割である。しかし、現代人にとって既成の宗教の提出する死後の世界のイメージは簡単には受けいれることができないものである。

「私の死」をいかに受けいれるかという問題に対して、既成の宗教の教義に頼ることなく、さりとて自然科学のように「対象化」を試みることなく接近しようとする人たちが、最近になって現われてきた。その代表となる人がキュブラー・ロスである。彼女は死んでゆく人たちに対して、できる限りその状態を共感する態度で接しながら、「もしよかったら今体験していることを話してくれませんか」

と尋ねてみた。すると驚くべきことがわかった。瀕死の状態にある人が驚くべき体験をしていることがわかってきたのである。

これとは別に、アメリカの精神科医レイモンド・ムーディは一九七五年に『死後の生』(邦訳『かいまみた死後の世界』評論社)を出版し、臨死体験(near death experience)についての研究を発表した。それは医者が死んだと判定した後に奇跡的に蘇生した人たちに、その経験を聴いたのであるが、そこにはある種の共通要素が認められることがわかったのである。臨死体験については筆者もよく論じてきたし(たとえば『宗教と科学の接点』)、最近では立花隆のルポルタージュのTV放映などを通じて一般によく知られてきたので詳述は避けるが、この結果はキュブラー・ロスの研究結果と多くの一致点を見出したのである。そのなかで特に注目すべきこととして、多くの人が「光の生命」とも言うべき一種の光を見る体験をしている。ところが、この様相は先に述べたスウェーデンボリの体験や、ここには論じることができなかったが、「チベットの死者の書」と呼ばれているチベット密教の書に記述されている、死者の体験する「光」などと極めて類似性が高いことがわかってきた。

キュブラー・ロスは自分の研究が「科学的」であることを強調し、死後生の存在が科学的に立証されたというような結論に飛躍していく。ここではその当否のことは論じないとして、キュブラー・ロスやムーディの研究は、最初に論じた「自然科学」と「宗教」のアプローチの中間に属するものであることを指摘しておきたい。つまり、彼らは死んでゆく人を「客観的対象」としては見てはいない、ここは自然科学と異なるところである。次に死んでゆく人は極めて深層の意識によって自分の状態を把握し、それのイメージを述べている。これはむしろ宗教体験と言っていいだろう。しかし、それを「記録する」ときのロスたちの態度は「客観的」であり、事実を集積しようとしている。このときの意識は表層の意識のはたらきである。

このようにして生じてきた結果を、宗教か科学かどう考えるかも大切な問題であるが、ともかく、死後生のイメージが現代的な意義をもって再び登場してきた事実は注目すべきことであると思われる。

境界例とイメージ

境界例とは

現在、心理療法の仕事をしている人で、境界例に悩まされているとか、悩まされたとかの経験のない人は、まずいないことであろう。境界例とは何かという点で、特に病理診断的なことについては、最近では他書に数多く論じられているので、ここでは割愛しておく。

本章では、境界例とイメージという題に示されるとおり、これまでに述べてきたイメージということとの関連で境界例について考えていることを明らかにしたい。ただ、境界例については、「現代と境界」の問題として、既に他に論じている（拙著『生と死の接点』岩波書店）ので、それと少し重複する点があるが、それについては御寛容をお願いしたい。

境界例とイメージというとき、まず、われわれ治療者が境界例に対してもつイメージ、の問題がある。境界例というとまず浮かんでくるイメージは何か。あるいは、境界例に対してどのようなイメージを持つべきか。次に、境界例の人のもつイメージの特性は何か、ということもある。「見棄てられ不安」という言葉が境界例の心理状態をよく表わすものとして、今では周知のことだが、これも言ってみれば、境界例の人達にとって「棄て子」というイメージが強力に作用しているものと言えるだろう。

「境界例」と聞いて治療者の人たちがまず思うのは、「扱いにくい」ということではなかろうか。うまくいっている、と思うとまったく思いがけない破綻がくる。この方針でゆこうとすると、あれがひっかかる。あの方針でゆこうとすると、これがひっかかってくる。何が原因で何が結果なのかわからない。原因と思っていることが結果で、結果と思っていることが原因とも考えられてくる。

境界例の人は非常に繊細で、ちょっとした感情のゆれに——治療者も気づいていないときに——気づいたりして、何と素晴らしいと思っていると、次には冷淡極まりないというか無感情というか、まるっきりの逆転に接することにもなる。

こんな様子を見ていると、「境界例」というのは、あらゆる領域の境界に居て、ほんの少しの動きで、正反対の側にはいってしまうような気さえしてくるのである。ともかく、いろんなところに「逆転」が生じ、時には、治療者とクライエントの間でも逆転が生じるように感じられるときさえある。治療者が右往左往していると、クライエントの方が冷静に事態を眺めて、分析してくれたりするときもある。治療者の欠点などを非常によく見抜く力をもっている。

治療者が相手を「扱いかねる」のは、相手をちゃんと定位できていないからだと思われる。そもそも「境界例」などという名がついていることは、「定位できていない」ことを示しているとさえ言うことができる。ボーダー・ラインと言うラインは線なのだから、本来ならそこには何も存在できないはずである。ボーダー・ゾーンというように境界地帯というならばそこには少しは何かが存在し得るだろう。にもかかわらず、ボーダー・ラインと言っているのは、それは本来ならそこで画然と分割できたはずだと思っているからである。実際、精神科医のなかには、今でも境界例の存在を否定する人もある。

こんなことから考えると、そもそも「境界」というもののイメージについて考えてみることが、境界例の理解に役立つのではないかと考えられるのである。そこで、境界のイメージについて考えてみよう。

境界のイメージ

境界は何かと何かとを分けるはたらきをする。非近代社会においては、大人と子どもとは画然とした線によって分けられていた。子どもから大人になるための境界をこえるには、それにふさわしい儀式を必要としたのである。しかし、近代社会になってから、子どもと大人の「境界」は非常に漠然としてきている。どこから大人になるのか不明というよりも、そもそも何が大人か不明である、と言いたいくらいである。

考えてみると、現代という時代はかつてあった境界が不明になっているときではなかろうか。教師と生徒、既婚者と未婚者、などの境界はあいまいになっている。男と女との境界も相当にあいまいになってきている。一見しただけで判別出来ていた「区別」がそれほど簡単には出来ないのが現状である。このような一般的な境界のあいまい化と、境界例が増加してきたこととは、どこかでつながっているように思われる。

ここで、未開社会におけるイニシエーションの儀式において、「境界」がどのような意味をもっていたかについて、ヴィクター・ターナーの『儀礼の過程』(思索社)によって考えてみることにしよう。通過儀礼において新参者は日常世界から分離され、一種の境界状況のなかにおかれる。ここでの体験を経て、たとえば、成人式であれば、子どもが大人となり、もとの社会に再統合されるのであるが、この境界状況およびその特性を指して、ターナーはリミナリティ(境界性)と呼んでいる。リミナリティの特性をターナーは、通常の身分体系と比較して167頁の表のように箇条書にして示している。

この表は「境界」ということに対して豊富なイメージを提供してくれる。表中のコムニタスという用語について、『儀礼の過程』の訳者、冨倉光雄の適切な説明を引用しておこう。「コムニタスとは、かんたんにいえば、身分序列・地位・財産さらには男女の性別や階級組織の次元、すなわち、構造ないし社会構造の次元を超えた、あるいは、棄てた反構造の次元における自由で平等な実存的人間の相互関係のあり方である」。

この表の「リミナリティ」の方を見ると、境界例の人たちが心理療法状況のなかで望んでいることが、大分わかってくる気がするのである。もっとも特に境界例などと断ることをしなくても、心理療法の本質と、このリミナリティとは大いに関連していると感じるであろう。成田善弘が『青年期境界例』(金剛出版)において、心理療法家と境界例の類似性について論じていたが、それはこのようなところに要因があると思われる。

ところで、この表を見て、境界例との関連で考えられることを少し述べてみよう。まず言えることは、境界例の人たちのコムニタスへの希求の強さであろう。ターナーも言うように、「複雑な社会における社会生活の段階構造も、自然発生的コムニタスの無数の瞬間によって区切りがつけられ」ているのだが、境界例の人はそのような自然発生的コムニタスの体験が不十分な人たちであり、心理療法場面において、それを取り戻そうとするので、そのことを心理療法家はよく心得ていなくてはならない。

境界例に対しては、心理療法家もついついサービスをし過ぎたり、多くのエネルギーを投入したりし勝ちになるものだが、その関係が、父母と子ども、教師と生徒、医者と患者などのような「身分」に還元される性質を強くもっているときは、クライエントにとっては何らの役に立たぬものとなる。と言っても、サービスを受けることは嬉しいし、治療者の提出する何らかの「構造」に乗りやすい弱さをもっていることも境界例の特徴であるので、はじめのポジティブな関係が、急転してネガティブな関係になったりするのも、このためである。

リミナリティ	身分体系
移行	状態
全体	部分
同質	異質
コムニタス	構造
平等	不平等
匿名	命名の体系
財産の欠如	財産
身分の欠如	身分
裸ないし制服	服装による識別
性欲の節制	性欲
性別の極小化	性別の極大化
序列の欠如	序列の識別
謙虚	地位に対するプライド
個人の外観の無視	個人の外観に対する配慮
富の無差別	富の差別
非自己本位	自己本位
全面的服従	上位の序列にのみ服従
聖なる性質	俗なる性質
聖なる教訓	技術的知識
沈黙	ことば
親族関係の権利と義務の停止	親族関係の権利・義務
神秘的な力に対する耐えざる	神秘的な力に対する間欠的な
祈願	問いかけ
愚かさ	聡明
単純	複雑
苦悩の受容	苦悩の回避
他律性	自立性の諸段階

治療者の準拠している「理論」どおりに事が運んでいると思って喜んでいると——これは一年以上も続くことがある——急転直下、関係が悪化してしまうようなことが、よく起こる。そうなるとますます治療者が「地位に対するプライド」に拘泥したり、「複雑な聡明さ」を発揮しようとしたりして、事態を悪化させる。境界例に対しては「単純な愚かさ」が必要なのだが、それは「苦悩の受容」につながるもので、実に難しいことである。

ターナーはまたコムニタスにおけるイメージ的思考の必要性を説いている。コムニタスは「実存的な性質のもの」なので、概念化し難く、「比喩《メタファー》や類推《アナロジー》に頼らざるをえない」のである。境界例の人にとって、何かの「イメージ」が大きくふくらみ、それを「現実」として語ってくるので、受けとめかねることが多いのもこのためである。自分の性格のある部分や才能などが拡大して語られる。あるいは自分の周囲の人のことも歪曲して語られる。しかし、それを拡大とか歪曲として受けとめるのではなく、どこまで真実のイメージとして受けとめられるかに、治療の成否がかかっているとも言える。

二分法へのプロテスト

次に少し異なる観点から境界について考えてみよう。近代人が強力な武器としている、自然科学はものごとに明確な境界を設定すること、切断することによって発展してきている。まず、その方法論の第一として、観察者と被観察事象との明確な分離ということがある。観察者は己と切り離して事象を客観的に観察するので、そこから普遍的な法則を見出すことができる。この普遍性の獲得ということは、実に偉大なことである。

このような方法は物理学において大成功を収めたので、次に人間を研究するとき、人間存在を心と体に明確に分割し、まず分割された体の研究を行なった。これが近代医学であり、それがどれほど多くの成果を得たかは言うまでもないであろう。近代科学の方法によれば、普遍的な因果法則を見出すことができるので、その法則によって対象を支配できることが大きいメリットである。

近代科学の成果がどれほど偉大であるかは、現在われわれがそれによっていかに便利な生活を享受しているかを考えると、よくわかるであろう。近代ヨーロッパに起こった近代科学は全世界を支配したと言ってよいだろう。そして、人間は自然科学の力によって、自然をも完全に支配できるのではないかと考えるほどになったが、それに対していろいろな歯止めが生じてきた。

自然科学の自然支配に対する自然からの抵抗は、いろいろなところに見られるが、われわれの論議との関連で言えば、境界例や心身症の増加がそれであると思えるのである。そのいずれもが、人間による単純な分割に反対しているのである。心と体という二分法に対して、心の病いか体の病いかを明確にし得ない心身症という症状が増加してきた。また、精神病者と正常者とを明確に区別できると考えていたのに、そのいずれとも言えない境界例が増加してきた。これらのことは、二分法を基礎とするコンピューターが社会のなかで重要な地位を占めてくるのと平行して生じてきているのである。

このような点から反省して、前節に述べたように、「境界」の意味について考え直すことが必要となってくる。しかし、前節の議論で明らかなように、その「境界」は今まで線と思っていたのが帯であったのだというような単純な認識によって把握されるものではない。子どもと大人との間に中間地帯があるとか、心と体との間に「心身」と呼ぶ中間地帯があるとか言う把え方は単純すぎる。前節に示した「境界《リミナリティ》」は、子ども・大人という日常世界とは異次元のものであった。子どもが中間地帯を経て直線的に大人になってゆくのではなく、ある異次元の世界において実存的な変容の体験をして大人になるのである。

このようなことを踏まえて、境界例のことを考えるために、図8に示したようなイメージを考えてみた。もともと人間存在というものの「全体性」は簡単な分割を許さぬものであるが、人間がものごとを考える時には二分法によることになるので、それをどこかで「切断」しなくてはならない。もともと球であった全体的なものを平面で切って、その平面を正気と狂気に分割する。これは一本の線で切れるかも知れない。そのとき、境界例というのは、その平面上のどこかに存在するのではなく、その平面とは異次元の下に（別に上でもいいのだが）存在している。前節の表現で言えば、この平面の上は「構造」をもっているが、その下はコムニタスなのである。

構造はコムニタスによって支えられている。そこで、一般の社会人は構造とコムニタスとの間を上手に動きながら生きているのだが、境界例の人たちは、この図で言えば、正気と狂気の分類の線上ではなく、その下の領域にはいり込んで、上方にあがって来ない人たちと言うことができる。あるいは、時によって正気の方にあがってきたり、狂気の方にあがってきたりする。しかし、それは永続しないのである。

この図からいろいろなことが考えられるが、まずこの図が示すように、いかなる人も境界領域にはいり込む可能性をもっている、ということを知っておくべきである。つまり、神経症の治療においても、その過程においては、どうしてもある程度のコムニタス体験が必要で、そのときは境界《ボーダーライン》例的心性が露呈してくる。あるいは、普通の人間でも何らかの「境界」をこえる体験をしなくてはならぬときは、境界例的心性を経験する。

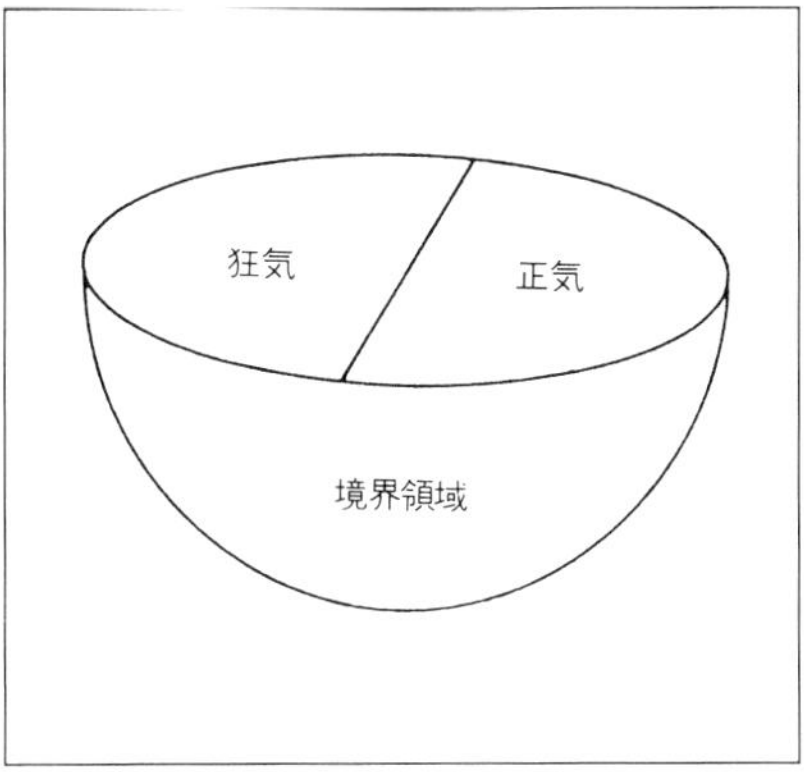

図8　境界例のモデル

境界例の人たちはコムニタスの希求の程度が高いので、表層の構造化された世界に簡単に定位されることを好まない。治療者が単に表層の世界のみに住み、それだけが「正しい」と思っているようなときは、異次元の世界の存在を訴えるために、境界例の人たちの行動は過激にならざるを得ない。境界例のアクティング・アウトの強さは常に問題にされるが、その程度は、その人を取り巻く人々の態度――治療者の態度も含めて――が相当にかかわっていることを知るべきである。

「治す」ということは、表層の世界の構造のなかにクライエントを位置づけることであり、それをできるだけ早くしようとし、しかも、治療者が「力」をもっているときは、境界例の人たちは「狂気」の世界の方に入りこむことによって「安定」を示すこともある。ともかく、構造のなかにはいり込まない人がいることは、人をいらつかせるので、どうしても焦りたくなってくるのだが、焦って治そうとしないことが大切である。

境界例の人はともかく無茶苦茶をやる、と言いたくなるが、考えて見ると、フッーの人間は「自然」の方から見れば無茶苦茶をやっているのである。全体性をそなえた一なる存在を切って切って切りまくって、そこに構造をつくったり、見つけたりする。これが人間のしていることである。別にこれが悪いというのではなく、そのことによって人間は多くを得、多くの楽しみを見出しているのだが、ただ、それだけが「現実」でも「真理」でもなくて、それを裏打ちする「存在」ということを常に知っておく必要がある。こんな考え方をしていると、境界例の人たちの存在意義がわかってくるので、対応の仕方も少し変ってくるのである。

両性具有

ターナーは「リミナリティは、しばしば、死や子宮の中にいること、不可視なもの、暗黒、男女両性の具有、荒野、そして日月の蝕に喩えられる」と述べている。図8では、正気と狂気の間の一線のみを書いたが、人間社会は実に多くの「線引き」によって構造化されているのである。従って、境界例の人たちを理解するために、図8の「線」をいろいろに書き変えてみるとよいだろう。

ここで、ターナーの述べている「両性具有」ということについて考えてみよう。境界例の理解のためには、いろいろな線引について考えることができるのだが、筆者の現在の興味とも関連させて、特にこの問題を取りあげることにしたのである。

両性具有を図8に従って図示すると、図9のようになるであろう。一般社会では男と女との区別は相当につけられている。しかし、それを支える世界に「両性具有」が存在している。

セックスとしての男女が分類できるのは事実であるが、ジェンダーとしての男女の区別は、その社会・文化のなかでつくられてきており、「表層の世界」においては相当に明確に区別されている。このことに男女差別のことがからんでくるのだが、ここではその問題については論じない。ジェンダーとしての区別は相当に御都合主義なところもあるが、表層の世界にのみ生きる人にとっては、それは社会の「秩序」を守るために非常に大切なものである。

未開社会においても、ジェンダーの区別は明確であり、秩序の維持に必要とされているが、イニシエーションの儀礼において、両性具有的なテーマがよく生じるのである。このことはエリアーデが『悪魔と両性具有』（せりか書房）のなかで論じているので、それに従って述べてみよう。後にも示すように、境界例も両性具有のテーマがよく出現するのである。

エリアーデによると、オーストラリアのある部族で用いられているイニシエーションでは、男性新参者の下部切開を行ない、これは「新参者に女性生殖器を象徴的に付与するものである」と言う。「この儀礼の深い意味は次のように言えるだろう。両性の共存、両性具有を知らずには性的に成人の男になることはできない、換言すれば、全体的存在の様式を知らずには、特定の、はっきり限定された存在様式に達することはできない」という考えによっている。

エリアーデは、男女相互間の衣装の交換の事実が、イニシエーション儀礼に認められると述べている。また、イニシエーションにおいて、同性愛的な行法が行われるのも、新参者が両性具有的な経験をすることとして、解釈されている。

このような観点からすると、境界例の人たちがジェンダーの区別を破壊する行為をすることが、よく理解される。女性でいわゆる男言葉を使う人や、男性でなよなよとした言動をする人などが境界例に多いことに気づいている人が多いであろう。もちろん、これは瞬時に逆転するときがあり、なよなよしていた男性が突発的な怒りを爆発させたり、男言葉の女性が、いわゆるコケティックになったりすることもある。つまり、両性具有的なのである。

両性具有的傾向は夢にもあらわれ、夢のなかで性が変換する例が境界例には多いのではないか、と筆者は考えている。筆者の自験例や、スーパーバイズする事例において、そのような夢に接するからである。と言っても、その数は少ないし、「統計的」研究は出来そうもないが、筆者の印象として、言えそうに思う。

男性が女性になる、女性が男性になる、と言うのではなく、夢の中で、フォークダンスをするので、男女が別れて列をつくっているとき、自分は女性だが男性の列のなかに加わっている、というような

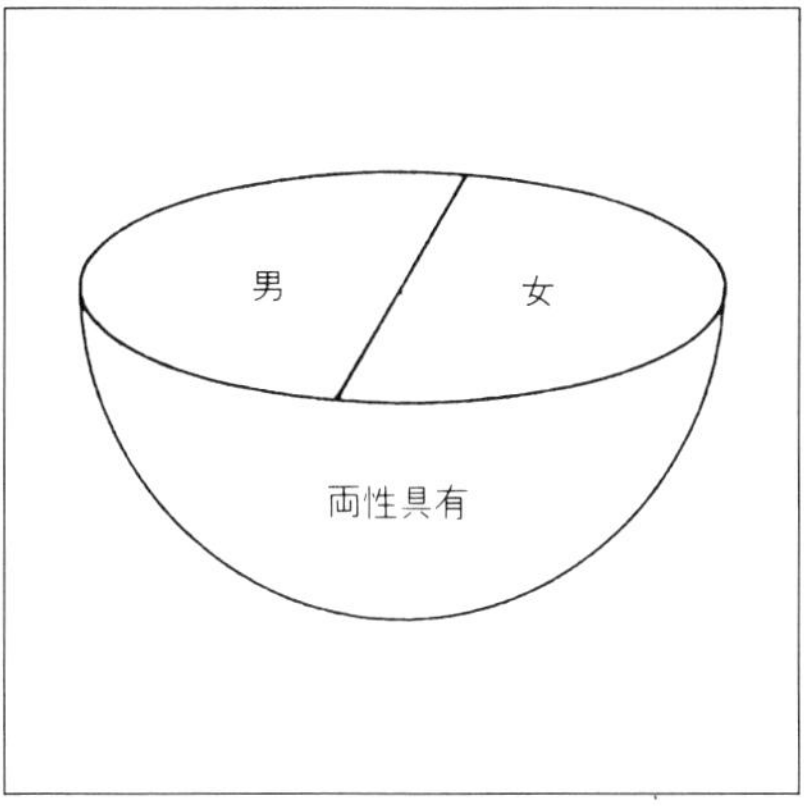

図9　両性具有

類のものもある。次に女性が男性になっている夢を示す。

夢：私のような小さい男の子がいる。ある国で厚遇されて、そこの女王を意のままにしている。

ここでは「私のような小さい男の子」というので、まったく同一化しているわけではないが、「私は男性になっている」というような表現の夢もある。男性になって、ガールフレンドを訪問するような夢もある。この夢では、男の子になり「ある国の女王を意のままにする」という表現のなかに、コムニタス状況への強い希求が感じとられるのである。このようなときには注意をしないと、治療者はこのクライエントの意のままに動かされる人になりかねないのである。

このような例に接して、境界例ではジェンダー・アイデンティティが混乱している。あるいは、退行がひどいというように単純に把えるよりは、イニシエーション儀礼を完成させようとして完成し切れないあがき、あるいはそれへの必死の接近として見ることが大切であると思う。

ついでに述べておくが、「正常者」でも性変換の夢を見るので、性変換の夢が境界例の「診断」に指標的なものである、とは言えない。しかし、正常者のときは、それが分析の過程のなかでの、深い「境界」体験として受けとめられることが多い。あるいは「性変換」に伴なう葛藤が意識されていることが多いようにも思われる。

ここでは両性具有のことのみを取りあげたが、境界例を理解するときに、いろいろな一般的分類を

図8に対して応用して考えてみると面白いし、イニシエーションの儀礼における一見途方もない行為が境界例の理解に役立つことを指摘しておきたい。

なお、現代社会が男女の境界を弱くしようとする傾向をもつことは、一方で厳しい分割による構造化によって管理をしようとする傾向があることに対する反抗として考えられる。人間を「物扱い」されることに反対するためには、人間をどのような方法であれ「分類」することに反対したいと思うのは当然である。しかし、人間というものは、社会の秩序ということを維持してゆかねばならず、ターナーの言うように、「構造とコムニタスの適切な関係をつねに見出し、いずれかの様式が最高のときにそれを受け入れ、他の様式も棄てることをせず、そして、その一方の力が現在使われているときにもそれに執着しないこと」が望ましいのであるが、それは極めて困難なことである。

治療者の両性具有

以上述べてきた点から言えば、治療者が両性具有的存在とならねばならぬことは、むしろ、当然のことと言えるであろう。

図8に示したような、切断による構造化は一般に父性原理ということによってなされるので、境界例の理解には母性原理が必要と考えられるが、本当のところは両性具有的と言うべきである。特に、

日本では「表層社会」においても母性原理が強くはたらいているためもあって、境界例に対して母性的に接しようとする治療者が多い。そうなると、「受容」するにも、ほとほと困り果て、人間としての限界をこえるとさえ感じられてくる。ここで失敗をしてしまうと、主観的にはクライエントを受容しようと努めているにも拘らず、途方もない憎しみの感情が湧いてきてしまったり、切断しようとする父性原理が無意識的に出現して、関係を無理矢理に切ってしまうような言動が治療者にあらわれる。そのために、せっかく長い間努力してきたクライエントと喧嘩別れになってしまったりする。しかし、これはまだよい方で、泥沼戦争のような状態になるときもある。

あるいは、このことを避けようとして、理論武装をし過ぎると、父性が強すぎて、クライエントがすぐに来なくなって中断する。あるいは、それでも長く続くときは、力ずくでねじふせるような形で、クライエントを「狂気」の側に「安定」させることにもなる。

このようなことを避けるためには、治療者は自分の両性具有性について、相当に意識する必要がある。それと、この際に大切なことは、父性、母性などと言っても、境界例の人を相手にしているときは、それの次元が深くなるので、生半可な父性や母性では役に立たない、ということである。

もっとつっこんで言うならば、話が表層のことにかかわってくるほど、治療者の「努力」や「知識」などの個人的な資質が役立つであろうが、深い層が問題となってくるほど、治療者の意識的努力のみによって事が運ぶことはない、と考えるべきである。従って、母性的といっても、何かをしてあげるとか、できるだけ時間を費す、などということではなく、クライエントの変化の過程のための

「容器」となることが大切で、それができれば、別に取りたてて何やかやとする必要はないのである。

あるいは、父性といっても、それは元型的父親像に近くなってくるので、禁止にしろ、命令にしろ、それは鉄壁のものでなければならない。生半可なことでは通用しない。このような程度のことは、個人の意志だけでは簡単にはできないので、クライエントと自分を取り巻く全体のコンステレーションを、できる限りよく見ることが必要である。

特に父性に関しては、日本の文化の伝統のなかにあまり認められないので、日本人には不得意なことであることを自覚し、元型的父親のイメージについて、他の国の神話や昔話、宗教などを通じてよく知り、イメージを自分なりに思い描くなどのことをしておくとよい。日本で父性のことを考えると、身体的な強さや怖さなどの方に重点がゆきそうであるが、判断力、決断力、意志力などの強さについて、それを身につける努力が必要である。

治療者が両性具有的である、ということを取り違えて、たとえば、クライエントの要求に対して、「君の気持はよくわかるが、それはやってはならない」式のものの言い方をするのは、まったく無用か有害である。気持がわかる方が母性的で、禁止する方が父性的、と考えるのかも知れないが、筆者が論じている両性具有の次元は、もっと深く、ここに示したような、ぬえ的な混合を意味していない。ついでのことながら、ここに示したような対応の仕方をすると、クライエントとしては文句のつけようがなく、文句はつけられないが深いところで自分はまったく理解されていない、と感じるので、アクティング・アウトをするより仕方なくなるのである。

今まで述べてきたことからもわかるとおり、われわれが境界例に特徴的と考えているアクティング・アウトには、治療者の態度も大いにかかわっていることをよく知っておく必要がある。

両性具有的存在とは、言うなれば全体性のひとつの顕われであり、そのような象徴の他のものとしては、男性と女性の聖なる結婚のイメージがある。このことのために、クライエントと治療者が異性の場合は特に、治療者に対して強い性的な転移感情をもつときがある。そのときも、クライエントが真に欲しているものが何であるかをよく弁えることによって、その転移の意味を知ることができる。さもなければ、クライエントの性的転移をそのまま具体的にとって、どう受けとめるかを考えたりするような無駄なことをすることになる。

境界例とかかわるときは、そこに元型的イメージがコンステレートされることが多いので、治療者は人間としての自分の能力の限界について、よくよく意識していることが必要である。自分の能力の限界を知って、無理をせずにいると、不思議に能力を超えたようなことが生じてきたりして、事態が進展するものなのである。このあたりのことがわかってくると、無駄なエネルギーを費すことなく、境界例の人たちと会ってゆけるように思う。

イメージと言語

解釈とは何か

心理療法に従事しているものにとっては、「イメージと言語」という題によって、まず「解釈」のことを思いつくであろう。夢や箱庭、絵画などのクライエントの提供するイメージ作品に対して、心理療法家がその意味をどのように言語化して相手に伝えるか、という「解釈」の問題である。これは、日々の臨床の実際において、いつも直面している問題であるので、心理療法家にとっては強い関心のあることである。しかし、イメージと言語の問題は、考えてみるともっと深くて広い問題につながってゆくわけで、それについては後述することになるが、ともかく、心理療法家として関心のあるところから、話を始めることにする。

たとえば、第七章に示した箱庭の、海に帽子の浮かんでいる作品を取りあげてみよう。海に浮かんだ帽子というイメージから、多くのユング派の人は、グレートマザーと、そこから自立してゆこうとする自我の萌芽ということを思いつくだろう。それに、帽子は特に女性にとって、頭にかぶるものという点とも結びつき、自分の知的な主張と関連してくることも考え合わせると、これまでクライエントが戦争のために上級学校の進学を断念し、結婚後はひたすら姑や夫に仕えてきたのが、このときになって、自我を確立しようとする「船出」をしたことが感じられる。

そのようなことを、そのまま言語化してクライエントに「解釈」として与えた場合はどうであろうか。

このような考えは、おそらくあまり間違ってはいないだろう。しかし、このイメージをそのことだけに限定してしまうこと、および、クライエントに対して「自我の確立」という方向性を与えてしまうこと、は大きい危険性をはらんではいないだろうか。それに、自我の確立と言っても、それぞれその人なりの方法や過程があるわけだから、心理療法家が自我の確立という、一般的な一筋道のみを見ているとき、そこに生じるその人の極めて個性的な面を見落してしまわないだろうか。自我の確立に伴なう、その人固有の苦しみ、悲しみ、嬉しさ、などを共感することなく、ただ一筋の道をまっすぐ進むことにのみ、治療者が関心をもつとき、弱いクライエントの場合は、それに耐え切れないことも起こってくる。このようなことを考えると、「解釈する」ことの怖さが強く感じられてくる。

イメージはそれが真のイメージであればあるほど「生きている」。つまり、変化の過程にあり、そのなかにダイナミズムをもっている。下手な解釈はそれを殺してしまうのである。この点を大いに強調するならば、下手な解釈をするよりは、黙っていた方がいいということになる。イメージに対して、離れた距離からものを言うよりは、イメージの生きてゆく方向に向かって共に歩んでゆこうとする態度の方が、はるかに治療的と考える。

このような考えを前提とし、その上、日本に箱庭療法や夢分析を導入するにあたって、象徴やイメージについての知識をほとんどもたない人でも、心理療法の経験をある程度もっている人たちに対して即戦力的に実際場面にあたって貰う必要があったため、ともかく箱庭療法や夢分析においても、治療者の無意識の世界に対して開かれていることと、クライエントを共感的に受けとめてゆくこと、の基本的態度を重視し、そこに示されたイメージを共に鑑賞するような態度をもつことを強調した。従って、余計な解釈を加えないことも大切と考えた。この方法は非常に成功し、現在まで、多くの治療的効果をあげてきている。

このことのために、筆者は時に誤解されて、治療の言語化や解釈に反対していると思われているが、事実はまったくそうではない。筆者は心理療法の過程や理論的枠組などは、可能な限り言語化すべきであると思っているし、必要と感じたときは「解釈」をしているときもある。もっとも、この「解釈」については最後に再び取りあげるが。

筆者が特に反対したいのは、言語化や解釈そのものではなく、単に書物で得た知識を頼りにして、――特に外国語を用いて――おきまりの用語にあてはめることをもって「解釈」と考えていることである。これは時に、言語の暴力と呼びたいほどの結果を招くものである。クライエントという、一個の人間存在のすべてを把握することなど、誰にもできることではないが、イメージというものの特性、つまり、それがいかに全存在的にかかわるものであるかを知るならば、そのイメージを出来る限り共有し、共感して、己の存在から生じてきた言語を発するのが当然で、ただ、クライエントにレッテルを貼るような「解釈」を押しつけるのは、暴力以外の何ものでもない、と言わねばならない。

このことは従って、言語化そのことに反対しているのではない。むしろ、本来の意味における「解釈」は必要なのである。このことはまた、イメージの方が言語より優っていると単純に断定しているのではない。後に示すように、人間は言語によって、筆者が問題としているようなイメージを表現できるし、またそのような言語表現の方が適切な場合もある。このような点をもっと考えてゆくためには、そもそも言語ということの特性について、少し考えてみる必要があるだろう。

言語の特性

言語はかつて「思想を表現し伝達する手段」であるように考えられていたが、現在では言語の機能はもっと重く見られるようになってきた。それは言語より先に存在している「思想」を単に伝達する手段などではなく、むしろ、われわれの考え方をさえ規制していることがわかってきた。これは、国際化が激しくなるにつれて、その文化差を規定する要素のひとつとして言語が存在することが明らかになってきたことによっても、認められることである。この点について池上嘉彦は『ことばの詩学』(岩波書店)のなかで、「言語は人間の表現、伝達の手段どころか、むしろ知らないうちに人間を支配している君主であるかもしれないのです。この認識は深層心理学における『無意識』の発見にも比することができるでしょう。」と述べている。

ここに池上が無意識のことを持ち出してきているのは、非常に示唆的である。池上の言葉を言いかえると、言語というものは、まったく自我の支配するものとは限らず、多分に無意識的な面をもつということになるだろう。自我が確実に把握している内容を言語という手段によって他に伝えるだけではなく、言語が生じることによって、自我がその内容を知る、あるいは、内容を明確にする、ということもあるわけである。

言語のこのような言わば創造的な面について考えるために、「詩的言語」ということを、日常的言語と区別してとりあげねばならない。この詩的言語を日常的言語と区別するため、大江健三郎はロシア・フォルマリストの用語である「異化」を用いて述べている(『小説の方法』岩波書店、以下の大江の引用は同書による)。大江の説明によると、「日常・実用の言葉は、われわれの現実生活のなかで自動化・反射化している」。われわれが日常で「石」というとき、それは誰にとっても自明のものを指していると、無反省に判定している。これに対して、大江はシクロフスキーの次のような言葉を引用する。このような自動化作用は、ものをのみ込んでしまう。「そこで生活の感覚を取りもどし、ものを感じるために、石を石らしくするために、芸術と呼ばれるものが存在しているのである。芸術の目的は認知すなわち、それと認め知ることとしてではなく、明視することとしてものを感じさせることである。また芸術の手法は、ものを自動化の状態から引き出す異化の手法であり、知覚をむずかしくし、長びかせる難渋な形式の手法である」。このようなシクロフスキーの考えを、大江は「知覚の自動化作用からのものの解放」と表現している。

このような「異化」を行なうためには、大江は「自分自身の精神と情動（ほとんど肉体の、といっていいほどの情動）の深い経験をすることが必要である」と言い、あるいは、「人間的な諸要素を可能なかぎり全体化することを指向しつつ、活性化してゆく」という表現もしている。そのような態度によって、ものの「異化」が可能になる。

このような態度は心理療法家の態度と極めて類似するのではないか。クライエントは「私の母は」とか、「私の性格は」とか語るとき、ともすればその言語は「自動的・反射的」に用いられることが多い。そのとき、心理療法家がそれに対して、「人間的要素を可能なかぎり全体化することを指向しつつ、活性化する態度」で接するとき、そこに「異化」作用が生じ、心理療法家あるいはクライエント、あるいは両者が同時に、ものごとを「明視」することができるのではなかろうか。その明視したことの言語化が「解釈」に他ならないと言えるのである。

ところで、ここで話を一転して、科学的言語についても、われわれ心理療法家は考えねばならない。先に引用した、池上や大江の場合は、日常・実用の言語と詩的言語という分類によって考えることで、彼らの問題を考えるのに十分に役立ったのであるが、われわれは、日常・実用の言語を更に分類して、日常語と科学的言語として考える必要がある。これは、近代の心理療法が「科学」のひとつとして、それを位置づけようとしてきた事実を踏まえている。われわれは心理療法の科学性ということを不問にして、前に進むことはできない。

　科学的言語は既に述べた詩的言語の対極にあると考えていいのではなかろうか。たとえば日常語で「まっすぐに歩く」というような表現のなかで「まっすぐ」ということが、ある程度自明のこととして用いられているとき、「直線」ということを、いかにして明晰にあいまいさを残さず定義されたものとするかを考える。そこに用いられる言語——あるいは概念——は誰にとっても同じ内容を指し示すものでなくてはならない。

　このためには、言語を用いる人間がその内容を明確に対象化し、自から切断された他として把える必要がある。このように「自」から切り離されたものとして科学的言語が用いられるので、それは普遍性をもつのである。このような普遍性がどれほど強力なものであるかは、現代人である限りよく知っているはずである。

　科学的言語は人間の用いる「道具」としては、最高のものではなかろうか。それによって客観化され対象化されたものを、人間は支配し操作できる。その有効性は疑うべくもない。このように科学的言語があまりにも有効であり、便利であるので、人間はものごとを考えるときに科学的言語で考え、あるいは、すべての言語を科学的言語のようにきめこんで考えたり、感じたりしはじめたのではなかろうか。先に池上の言葉として、言語は「知らないうちに人間を支配している君主かもしれない」を紹介したが、現代人は、科学的言語を知らないうちに自分の「君主」とし、逆にそれに支配されるようになっていないだろうか。

そのもっとも端的な現象が「関係性」の喪失として現われているように思う。科学言語はまず、自と他を切断することから話を始める。しかし、自と他との濃密な関係なしに、人間は生きてゆけるのだろうか。自分がいろいろなものを操作して生きていると思っているうちに、自分も操作の対象とされていることに気づく。それでは、いったい自分は何ものなのか、自分と世界はどのように関係するのか、このような主観的な問いに、科学的言語は答えない。現代人は詩的言語を喪失したために、アイデンティティを見失い、多くの人が心理療法家を必要としているとさえ言えるのではなかろうか。

深層心理学と言語

詩的言語を喪失し、そのために多くの人が心理療法家を訪れるとしたら、われわれ心理療法家は「詩的言語」を語る専門家なのであろうか。心理療法の仕事は「文学」と等しくなるのだろうか。実のところ、これには簡単に「イエス」と言えないのである。むしろ、逆に、心理療法家は「科学者」である、と思っている人の方が多いのではなかろうか。では、どうしてそんなことが起るのであろうか。

心理療法家で自分を明確に「科学者」と考えている人たちはいる。それは行動療法を専門としている人である。それをどう評価するかは、ここでは不問にするとして、この人たちは自分たちの使用する言語を科学的言語とすることに努力し、その療法を科学的に行なうことに努力している。従って、以下に論じるような言語の問題は起こってこない。

心理療法を深層心理学を背景として行なうものにとって、言語の問題は極めて困難なジレンマをもたらしてくる。深層心理学はフロイトの精神分析によって始まったと言ってよいだろうが、それは「科学」としてその存在を示そうとした。そのような考えや方法が医学のなかから生まれてきたことや、当時の時代精神の影響を考えると、それはむしろ当然と言っていいであろう。このためにフロイトはいろいろと努力を払い、たとえば、分析家が被分析者に対して、まったく客観的な観察者となることを必要と考えたことなどは、その努力のひとつのあらわれである。このことについては後に述べるように、大いに考え直さねばならぬことになったのであるが。

精神分析が「科学的言語」を用いようと努力しつつ、その中心概念にエディプス・コンプレックスのように、神話からその名を借りて来なければならなかったことは、非常に示唆的である。つまり、それは自然科学のように、まったく個人の主観から切り離されたことではなく、むしろ、人間の内的経験を必要とする、あるいは大江健三郎の言葉を借りると、「自分自身の精神と情動（ほとんど肉体の、といっていいほどの情動）の深い経験をすることが必要である」からではないだろうか。そもそもフロイトが「精神分析」という用語を限定して、実際に分析を受け、長い訓練期間を経て、分析家の資格を取った者だけが用い得るとしたことは、彼が「経験」をどれほど重視したかを示している。いわゆる教育分析として、分析の経験をもつことが資格を得るための必須条件と考えるのは、他の深層心理学の諸派にも共通のことである。この点から言えば、深層心理学者は詩的言語を使用する人と言うことになるだろうか。

ここに深層心理学における言語のジレンマが存在している。先に論じた、フロイトにおけるエディプス・コンプレックス。それに、ユングの言う、アニマ・アニムス、エリクソンの言う、アイデンティティなどの用語は、創始者たちは「科学的言語」と考えたかも知れないが果してそうであろうか。それらの用語に魅力を感じながら、後に続く者がそのあいまいさを無くして厳密に――時に操作的に――それらを定義しようと試み、それに成功したように思った途端、その用語のもっていた魅力が失せてしまう、ということをわれわれは経験してきたのである。

このようなことのため、しばしば深層心理学（精神分析）は「科学ではない」、従って駄目であるという刻印を押され勝ちであった。これまで述べてきたような観点から、筆者は深層心理学は「自然科学」（あるいは従来の科学）ではないと思っている。しかし、それだから駄目とか間違いとか断定するのは速断である。詩的言語が科学的でないから駄目だなどというのと、それはまったく同じである。さりとて、深層心理学は詩的言語を用いている、とは簡単に言えぬところがある。その点について考えてみたい。

クライエントは詩的言語の喪失に苦しんでいると述べた。そう考えると、まず詩的言語を語るべきは、分析家ではなく被分析者ではないだろうか。たとえば、先にあげた箱庭の作品の帽子について考えてみよう。この箱庭に表現された帽子は、見事に異化された帽子ではなかろうか。それはまぎれもなく帽子である。しかし、日常の帽子とは異なっており、クライエントの全人格のなかで生き生きとして存在している。

既に述べたように、クライエントは日常語として使用している、「母」、「愛」、「友人」その他の言葉を異化し明視するために、治療者のところに来ていると考えられないだろうか。そこで詩的言語の回復と、クライエントの回復が一致して生じてくるのである。このように考えると、治療者の役割は、クライエントがそのような回復の過程をすすむための容器《コンテナー》として存在することではなかろうか。そのことは、治療者とクライエントの間に微妙な関係性が存在することになり、当初フロイトが考えたように、治療者は客観的観察者なのではなく、両者の微妙な関係性の維持に努力を払わねばならないのである。従って、この関係——古典的には転移・逆転移と呼ばれてきた——をどう考えどう記述するかについて、また多くの「用語」が生じてくることにもなったのである。科学的言語の支配によって失われた「関係性」を取り戻すことは、心理療法家の重要な役割のひとつなのである。

心理療法家の役割は、彼が詩的言語を語るのではなく、まずクライエントに詩的言語を語る場を与え、それを理解することである。クライエント自身は話をしながらそれが日常語なのか詩的言語なのかも意識していないかも知れない。それに対して治療者はそれを明確に意識し、言語化しなくてはならない。このときの言語化する態度には、「科学的」要素がはいってくる。治療者もクライエントも共に内的経験を共有するのであるが、そのような現象には一種の普遍性が存在し、それをある程度客観化して記述することが可能である。それが理論的枠組のなかに組みこまれるとき、深層心理学の用語となる。つまり、それはある程度の科学性をもってくる。

深層心理学の言語は、従って、日常語とも詩的言語とも科学的言語とも異なる、第四のカテゴリーに属すると考えてもいいし、このようにして「科学」が新しい領域を開拓しつつあると考えるとき、それは科学的言語が拡張されたものと考えることもできるであろう。いずれにしろ、深層心理学の用語に対しては、以上のような考察が必要であって、不用意に科学的言語と同定しないことが肝要であると思われる。

拡充法

深層心理学の言語はある程度の客観性をもつ、と述べたがそれはどういうことであろうか。自然科学の場合は、自と他との切断を前提とする客観性があった（これも厳密に言えば、絶対的なことを言えないので、ある程度のというべきかも知れぬが、これは今のところ不問にする）。深層心理学の場合はまず、クライエントと治療者の間で極めて主観的な経験の共有があり、その後にその現象を出来る限り客観的に記述しようとする態度がでてくる。それがいかに客観的になされようと、そのベースが主観的なものであってみれば、それは極めて恣意的になるのではなかろうか、そして、そのようなことによって他人を「治療」していいのかという疑問が生じてくる。このことを強調する人は、科学的言語によって心理療法を考えねばならない、と主張するだろう。

筆者は先にも述べたように、科学的言語が人間に対して暴威を揮っていることが、現代人の苦悩の大きい要因でさえあると思っているので、心理療法の言語は既に述べたような第四のカテゴリーとも言うべきものによる方が望ましい、と考えている。しかし、これがまったく恣意的なものではなく、ある程度の客観性を示す方策のひとつとして、ユングが行なったように、人類が今までに残してきた文化遺産のなかに、類似のものを見出すということがある。また、実際の臨床の場合は、その個人の生活史との関係、個人の変容の過程のなかの位置づけ、症状の変化などと関連させて考えるのであるが、このことはこの際は省略する。

ユングはクライエントの提出するイメージに類似のもの、平行的なものを、人類の神話、伝説、昔話、宗教的絵画などに求め、それによって、もとのイメージの意味を見出してゆく方法を拡充法と名づけた。ユング自身は自らの考えた「個性化の過程」という過程に対して、錬金術という素材を用いて、それのある程度の客観性を示そうとしたのである。中世の錬金術士たちは意識的、無意識に、金属の変容の過程の記述によって人格の変容の過程を記述しようとしており、そのような考えによって錬金術の本を読むときは、現代人の夢のなかに見られる変容過程と極めて類似の内容を見出すことができるのである。

ユングが拡充法を考え出したのは、それによって彼の判断にある程度の支えを見出すということのみならず、クライエントの提出したイメージをより豊かにし、その意味をクライエントにわかりやすくする、という点も持っている。

たとえば、クライエントが蛇の夢を見たときに「蛇は……を象徴する」式のことを言うのはナンセンスであり、蛇についての神話や昔話について語り、時には印象的な絵を見たりするようなことこそ望ましい。もちろん、蛇に関する話は無数と言っていいほどあるのだから、そのうちのどれを話すかは、クライエントの夢のコンテキスト、および、クライエントのおかれている状況などを考えて、選択しなくてはならない。しかし、このような治療者の提出する素材は、クライエントにとって意味がないとして受けいれられないこともある。そのときは、また他の方向に向かって意味を見出してゆく拡充の努力を続けなくてはならない。このような過程は時になかなか困難なものとなる。しかし、先に引用した異化についての文、「知覚をむずかしくし、長びかせる難渋な形式の手法である」を思い出すと、まさにそのことを行なっていると言えるのである。端的に言えば、簡単にわかってしまうと駄目なのである。

「解釈」という場合、下手をすると、無意識より生じてきたイメージを自我のなかにすぐ位置づけてしまうことになる。それでは、イメージの持っている魅力的な大半の部分を切り棄てることになる。拡充法は、イメージをできる限り、無意識の側から見ようとして右往左往してみることなのである。それは「むずかしく、長びく」過程である。しかし、その過程こそが大切なのである。シクロフスキーは「芸術は、ものが作られる過程を体験する方法であって、作られてしまったものは芸術では重要な意義をもたないのである」とさえ言っている。

拡充法はほとんどの場合、言語によってなされる。それを語るときの分析家は、これまで述べてきた分類で言えば、詩的言語に近い言葉を語っていると言わねばならない。従って、拡充法に従って語られる言葉は、「文体」をもってくる。つまり、その表現の背後に人間の個性の存在を感じさせる「かたち」をもたねばならないのである。ユングの多くの著作は、拡充法の記述に満ちているが、それが「文体」をもつために強い魅力をもっている。しかし、下手をすると、拡充法は自動化し、文体を失う。これはユングの後継者たちが（自分も含めて自戒するところだが）、ユングと極めて類似のことを書きながら、あまり魅力を感じさせない一因となっているように思われる。その偽科学的言語は文体をなくしてしまうのである。このことは、わが国では、柳田國男とその後継者の間でも、同様のことが起こっているように感じさせられる。

再び解釈について

以上に述べてきたことをまとめる形で、再び「解釈」について考えてみたい。しかし、解釈の前に治療者の役割として、心理療法の過程が生じるための容器として存在することを、最も重要なこととして強調しておきたい。このことが出来ない限り、その人がいかに多くの知識を持ち、詩的言語を語る能力をもっていても、心理療法家としては仕事ができないのである。

現代人がその喪失に悩んでいるような関係性が、治療者とクライエントの間に成立すると、過程が動きはじめる。そのときにまず詩的言語を語るようになるのはクライエントの方であろう。とすると、それを小説の場合になぞらえると、クライエントが作家であり、治療者は読み手ということになる。この両者の関係について、大江健三郎は次のように述べている。「小説をつくり出す行為と、小説を読みとる行為とは、与える者と受ける者との関係にあるのではない。それらは人間の行為として、両者とも同じ方向を向いているものである。書き手と読み手とは、小説を中においてむかいあう、という構造を示しているのではない」。あるいは、小説を読みとることについて、「小説を書いてゆく者の精神と肉体によりそって、同じ方向に向いて進む行為」（傍点、引用者）であると述べている。

これは治療者とクライエントの関係に対しても深い示唆を与えてくれる。もっとも心理療法の過程では、クライエントがすぐ「書き手」として登場することは少ない。おそらく最初のうちは「日常語」による会話が続くかも知れない。大江が書き手のこととして述べている「人間的な諸要素を可能なかぎり全体化することを指向しつつ、活性化してゆく」態度をとるのは、むしろ治療者であろう。そのような態度に支えられて、クライエントがイメージを提出してくるとき、治療者はそれに対して、「解釈を与えるもの」として存在するのではなく、「両者ともに同じ方向に向いて進む」ことをしなくてはならない。そのような進行のなかで、既に述べた拡充法が行なわれるであろう。それは極めて創造的なプロセスなのであり、そのプロセスそのものが大切なのである。

治療者とクライエントの関係は、自然科学における観察者と被観察者の関係と異なり、両者の間の切断をできる限りなくしようとするものなので、両者の相互作用は極めて緊密であり、先に述べた「創造過程」は両者の協同作業によるものと言っていいほどになってくる。ただ、心理療法家としては、その行為のイニシアティブをできる限り、クライエントの無意識に取らせようとしているとは言えるであろう。

以上のように考えてくると、「解釈」というものが、クライエントの示すイメージの何かに対して、おきまりの用語を置きかえる、単なる「当てはめごっこ」をしているのではないことは明白であろう。それでも単なる置きかえ的な「解釈」が役立つとすると、それによって治療者が興味を失わずにいることができること、および、安定感を保つことができること、によって過程の容器としての役割のために役立つという二義的な意味においてであろう。

このように述べてくると、心理療法の過程が、ほとんど文学における創造過程と同様のこととなり、それはまさにそのとおりだと考える人もあると思うが、筆者はそれだけではなく、このような過程を治療者とクライエントの両者をも含めて、全体を客観化してみるような「目」が必要であると考えている。このような「目」の在り方は微妙であり、これが強すぎると、過程を壊すようなことになるが、この「目」が弱すぎるときは、危険を防止することができないのである。「創造過程」などというと聞こえはいいが、それは危険に満ちており、在りていに言えば「狂」の世界に限りなく接近し、あるいはそこに落ち込んでしまう可能性を持っている。このような「過程」は、相当科学的に記述できるし、治療者はそのような意味で、科学者の目も持っていないと危くて仕方がないのである。

心理療法家は常にあらゆる面において、逆説的な状況に置かれており、その状況に耐えて、簡単には一方へと傾斜していかないことが必要である。詩的言語、科学的言語という分類に対しても、心理療法の場面ではまさに両者が必要であり、心理療法家は自分の「解釈」が、その両者の間でどちらの方により重みをもった言語を用いているかを、よく自覚していなければならない。

最後に、大江健三郎がバルザックの小説を例に取りあげながら、読み手の態度として述べている文を引用することによって、本章を終りにしたい。小説の読み手のこととしてここに述べられることは、そのまま治療者のこととしても読むことができると思うからである。

「われわれ（読み手）自身も、自分の想像力を推進機関とするロケットとなって、前方へ発進しようとしている。自分という個の奥底をとおって、想像力にむすばれた人間共通の場へ。そしてその想像力によって自分を前へ投げだそうとする危機的緊張感は、われわれをここにある既知の枠組から解放して、ついには宇宙的なものをふくみこむ構造をそなえた、根源的な自己認識へとさそうのである」。

この文は個を通じて普遍に到る道を、実に的確に描写しているものと思われる。

イメージと創造性

ポアンカレの体験

人間のもつ創造力は実に偉大なものである。これまでの文化の発展を考えてみるとそのことが実感される。特に創造的な天才の出現は、それまでの在り方を一挙に変革してしまうものである。このような天才は、芸術、学問、宗教、政治、軍事、などのあらゆる分野に出現しているし、その在り様は分野が異なるにつれて相違を示すのも当然であるが、それらがすべてイメージということと関連していることは共通であろう。

天才の「ひらめき」はおそらく言語化できないものであろう。それを言語化したり、その他の表現手段を用いたりして、一般に理解されるものとするためには、合理的な思考力を必要とするが、最初の「ひらめき」はまさにイメージそのものと言っていいのではなかろうか。それは突然にやってくるのだが、さりとてまったく何の前提もなしに来るわけでもない。

ひとつの例として、次にアンリ・ポアンカレが自ら語っている、フックス関数についての発見の体験を見てみよう（アンリ・ポアンカレ『科学と方法』岩波文庫）。専門的なことは省略してしまうと、彼は二週間の間フックス関数の問題に取り組んで考えこんでいた。その後、ある旅行に参加し、「旅中の怱忙にとりまぎれて、数学の仕事上のことは忘れていた。クータンスに着いたとき、どこかへ散歩に出かけるために乗合馬車に乗った。その踏段に足が触れたその瞬間、それまでかかる考えのおこる準備となるようなことを何も考えていなかったのに、突然わたくしがフックス函数を定義するに用いた変換は非ユークリッド幾何学の変換とまったく同じである、という考えがうかんで来た。馬車内にすわるや否や、やりかけていた会話をつづけたため時がなく、検証を試みることをしなかったが、しかしわたくしは即座に完全に確信をもっていた」。

このことを説明して、彼は「まず第一に注意をひくことは、突然天啓が下った如くに考えのひらけて来ることであって、これは、これにさきだって長いあいだ無意識に活動していたことを歴々と示すものである。」と述べている。それと次に注意すべきことは、彼の突然にひらめいた「考え」は、「完全に確信をもつ」ものではあるが、何ら論理的に検証されたものではないということである。事実、彼はこの「考え」の検証のために後で相当な時間を費すのである。

これらのことから考えると、彼が「天啓が下った如くに考えのひらけてくる」と言っている「考え」は論理的思考によって考え出されたものではないという意味で、イメージ的あるいはヴィジョンなどと呼んでいいものではないかと思われる。ポアンカレはそのことを、「一見数学は知性以外には関係がないように思われる」けれども、大切なことは、「すべての真の数学者が知るところの真の審美的感情であって、実に感受性に属するものなのである。」と述べている。彼の言う「審美的感情」とは、イメージに対する感受性のようなことを意味していると考えていいのではなかろうか。

ポアンカレはこのような体験を踏まえて、潜在意識の方が意識よりも、豊かに考えの組合せをなしているものだと結論している。つまり、そのような潜在意識の活動の前後に意識的思考を必要とする（はじめに問題解決のために考えたこと、および、ひらめきを得た後に検証のために用いた意識活動）のは事実であるが、もっとも重要なはたらきは潜在意識の活動によってもたらされたというのである。

このようなことは、無意識の創造性について知っているわれわれとしては別に目新しいこととも思えないようだが、この書物が一九〇八年に書かれたことを知ると、驚くのではなかろうか。当時は、フロイトにしろユングにしろ、未だ無意識の病理的側面にのみ注目していたのではないだろうか。

フロイトと異なり、ユングは無意識の創造性に早くから注目するようになり、ポアンカレの体験のように、意識的集中の後に、退行状態が生じ、そこで把握されたイメージによって創造的発見が生じることを、彼も身をもって体験したのである。フロイト派の方もユングには遅れてではあるが創造的退行の考えを、クリスなどが発表し、退行には創造的意味もあることが深層心理学一般に認められるようになった。

ポアンカレの場合は、意識的集中の後に、旅行中における退行状態のなかで創造的イメージが生まれてきたのであるが、その退行時に病いになることが多い事実に注目し、「創造の病い」として、エレンベルガーが明確にしたことは高く評価されるべきことである。次に、エレンベルガーの考えを簡単に紹介する。

エレンベルガーは『無意識の発見』という名著のなかで、深層心理学の創始者たちの生涯について詳しく論じ、そのなかである種の創始者たちの共通の重要な体験として、「創造の病い」の存在を指摘した。これは別に深層心理学者のみに限ることではなく、シャーマン、宗教の神秘家、哲学者、作家などの間にもみられ、創造的な人々に深くかかわるものである。彼によると、創造の病いは、「ある観念に激しく没頭し、ある真理を求める時期に続いておこるもので」「抑うつ状態、神経症、心身症、果てはまた精神病という形をとりうる一種の多形的な病である」。それは軽快、悪化を繰り返すが、その期間中、「当人は自分の頭を占めている関心の導きの糸を失うことは決してない」。この間に病いと共に正常な社会的活動が両立されているときもあるが、「その人は完全な孤立感に悩む」。「病気の終結は急速で爽快な一時期が目印となることが少なくない、当人は、人格に永久的な変化をおこし、そして自分は偉大な真理、あるいは新しい一個の精神世界を発見したという確信を携えて、この試練のるつぼの中から浮かび上がってくる」。

これが、エレンベルガーの考える「創造の病い」である。彼によると、フロイトの場合は、神経症、心身症的な様相を呈し、ユングの場合は、精神病的な病態であった、ということになる。両者ともにそれを克服するための「自己分析」を行ない、その経験を通じて彼らの理論体系をつくりあげていったのである。

フロイトの場合、創造の病いを克服する過程において多くの夢が生じ、その夢のイメージを自ら分析することによって、理論を築きあげたのである。この際、フロイトにとって、フリースの存在が大きかったことを認めなくてはならない。エレンベルガーは、このことについて、「フロイトの創造的な病いの決定的な時期においては、フリースは自らも望まずそれとも知らずシャーマン徒弟に対するシャーマンの先生、そして神秘家に対する霊的な導師という役割をとっていた」と述べている。

フロイトの創造の病いにとって、夢がどれほど大切であったかは、『夢判断』のなかに語られている彼自身の夢について考えてみると相当によくわかる。エレンベルガーは『夢判断』を「偽装された一種の自叙伝と名付けてもいい」とさえ言っている。

ユングの場合は、彼の死後発表された一種の自伝（『ユング自伝』）があるので、その創造の病いの経過は相当明らかである。彼の場合はまさにイメージの氾濫と言ってもいいであろう。凄まじい夢のみではなく、幻聴や、また多くの幻像《ヴィジョン》をも見ている。これらについては『ユング自伝』を見ていただくと詳しいことがわかるので省略するが、重要と思われることを、二、三指摘しておきたい。

彼の創造の病いは一九一二年ごろよりはじまる。そのときに体験した彼の幻覚については既に64頁に述べたが、続いて同様の夢を一九一四年の春と初夏のころ、三度も見る。すなわち、「真夏の最中に北極の寒波が下ってきて、土地を凍らせてしまうのである。たとえば、ロレーヌ地方とその運河がすべて凍結してしまって、どこにも人がいなくなってしまう。すべての草木は霜枯れてしまっている」。ところで、同年八月一日に第一次世界大戦が勃発した。つまり、彼の個人的な「病い」が、全ヨーロッパの状況と呼応していた。このような、外界と内界の呼応関係は、あんがいに生じるものである。別に因果的に説明できないが、その全体を通じて布置されているイメージの意味を把握することが重要なのである。

なお、第一次世界大戦勃発のとき、ユングはロンドンに講義のために招かれていたのだが、そこからうまく戦乱のなかを抜けてスイスに帰ってくる。内界は相当な「病い」の状況にありながら、現実吟味の力が全然弱くならない事実にも注目したい。このような強い現実吟味の力がなければ、ユングは精神病におちこんでいたかも知れない。

エレンベルガーは論じていないが、ユングの場合も、創造の病いを克服するための援助者としてトニー・ウォルフという人物が居たことも忘れてはならない。フロイトの場合は相手が男性であったが、ユングの場合は女性である。もちろん、一人で仕事を成し遂げる人も居るが、誰か援助者が居る方が容易であると言えるだろう。

ユングは『自伝』のなかで、「すべての私の仕事、創造的な活動は、ほとんど五十年前の一九一二年に始まったこれら最初の空想や夢から生じてきている。後年になって私がなし遂げたことはすべて、それらの中にすでに含まれていた。」と述べている。彼の「創造の病い」体験に伴って生じてきたイメージは、それ以後、五十年に及ぶ彼の創造活動の源泉になったのである。

芸術の場合

前節には深層心理学者の例をあげたが、次に芸術家の例をあげてみよう。わが国の画家、林武が自らの体験を語っているのを取りあげる（林武『美に生きる』講談社）。

林武は絵画の魅力に把えられ、苦学しつつ絵を学ぶ。画家になりたいというひたすらな気持によって、「遮二無二描いた。絵の具とカンバスをもって、青筋を立てて野原をのたうち回った」。このような努力の果てに、彼はふと「絵描きになりたいという自分の気持ちの裏に、労働者よりも絵描きのほうがりっぱだと思い、第一に、ほかのことよりも、自分の好きなことをやって名をあげたいという欲があること」に気づく。

彼は既に結婚していたので、そこで「一家の夫として、どんな仕事でもいいから職業としてもち、生活の糧を得られれば、もうそれでいいと思った」。そこで、「絵の道具を一切合財、戸だなのなかにほうりこんでしまった」。何でもいいから愛する妻のために働こうと決心すると「何ともいいようのない愉快な気分であった。からだじゅうの緊張がゆるんで、精神がすっとして、生まれてこのかた、あんなすばらしい解放感を味わったことはいまだなかった」という状態になる。

それまでは「絵描きになりたいと執着した人間の目でしか見ていなかった」ので、明暗ということを習うと、すべてものが「明暗」として見えてくる、という具合であった。「絵描き」というこだわりを棄てて見ると、木は「ほんとうの木」に見え、雲は「ほんとうの雲」に見えてきたのである。

そのようなある日、「僕は歩きなれた近くの野道をぽつぽつと歩いていた。すると突然、いつも見なれていた杉林の樹幹が、天地を貫く大円柱となって僕に迫ってきた。それは畏怖を誘う実在の威厳であった。形容しがたい宇宙の柱であった。僕は雷にうたれたように、ハアッと大地にひれ伏した。感動の涙が湯のようにあふれた」。

それは圧倒的な体験であった。自然が生命力をみなぎらせて迫ってくる。この体験をしたときに、林武は「そうだ、これはいくらむずかしかろうと、描かねばならない」と感じ、再び絵筆を握ることになる。

以後、林武がどのような画家として成長していったかは周知のとおりである。その際にここに述べられたような、自然についての根元的なイメージとでも言うべきもの、「いくら難しかろうとも、描かねばならない」と感じさせ、一度は棄てた筆をもう一度取らざるを得なくしたもの、が成長への原動力として作用したことは否定できないであろう。

創造のためには必ず「創造の病い」を体験しなくてはならない、というのではない。ポアンカレの場合は、彼は別に「病い」を経験したわけではない。しかし、彼が意識的集中を暫く放棄したときにイメージの創造性がはたらいている事実は注目に値する。林武の場合も「病い」ではないが、一時的な画業の放棄の結果、創造的イメージが出現しているのである。このような緊張からの解放の時期をもつことが、創造のためには必要であろう。

緊張からの解放時に出現する創造的イメージというと、夢が考えられる。夜に眠っているときは解放のときだ。従って夢から創造のヒントを得た話は、スチヴンソンの小説『ジキール博士とハイド氏』や、作曲家タルティーニの「悪魔のトリル」など多くある。なお最近の作家としては、筒井康隆がその作品のヒントの多くを夢から得ていると述べている（『河合隼雄全対話V』、第三文明社）。

福島章『音楽と音楽家の精神分析』（新曜社）は、音楽家の創造性について論じているが、そのなかで印象に残ったことをひとつあげておきたい。それは、ワグナーとシューマンを「境界人格構造」として捉え、両者の創造の秘密として、ワグナーには妻コジマが、シューマンには妻クララが居て、共に「良いホールディング」を成立せしめ、「庇護的空間」をつくることができたこととしている点である。これはなかなか注目すべき意見である。

福島は「境界人格構造」について、「臨床的概念に言葉を借りて〈分裂〉のメカニズムに注目しているようであるが、かならずしもDSM-IIIでいう〈境界人格障害〉を示唆しているのではない」と断っている。確かに、ワグナーやシューマンの「診断」となるといろいろ困難はあるが、彼らの心のなかに存在する〈分裂〉の強さについては誰も承認するだろう。そのような分裂から創造が生まれるための「庇護的空間」の存在ということは極めて大切と思われる。この場合は、二人とも妻によってそれを得たわけであるが、それは必ずしも一人の人物によってとは限らず、集団や、特定の場所などでもいいのではなかろうか。このことは次に述べることにも関連すると思うので、ここに取りあげたのである。

人生の創造

これまで述べてきた人たちは、天才的な人たちであった。「創造」などということは、普通の人間には出来ず、よほどの才能のある人だけである、という考えがある。それも一理あるが、筆者としては、すべての人にとって「創造」ということがあり、各人は自分の人生を創造している、あるいは、創造することができる、と考えている。そんな大げさな、と言う人がいるかも知れない。しかし、次のように考えてみるとどうであろうか。

ごく些細なこと、たとえば自分が高校の教師として、校内で隠れて喫煙している生徒の姿を見かけてしまったときどうするか、などということがある。「規則に従って」そのことを職員会議に報告、生徒は処罰を受けて、ケリがつく場合もある。「面倒なことになるのをおそれて」知らんぷりをしてしまう場合もある。後者の場合は学校の規則を破っているが、「面倒なことは避ける」という一種の一般法則に従って生きている。つまり、どちらの場合にも、その「個人」は生きていない。ある種の一般法則が生きているだけである。

これに対して、ともかくその生徒の傍にゆき、単に喫煙を禁止するのみではなく、生徒の様子をよく見、そして、その言うところをよく聴こうとするとどんなことが生じるだろうか。生徒は卒業前に処罰されたりすると、せっかくの就職が駄目になるから、何とか今回だけは見逃してくれと言う。反省しているようだし、ということで見逃すことに決めるとする。この場合は前二者の場合に比して、少し「個人」の決定がはいっている。ところで、ここで生徒の気持はわかるが、やはり校則は大切だと考えると、この教師は葛藤状況に立たされる。簡単に答えは出て来ない。

あらゆる創造は葛藤に耐え、それを抱きかかえていることから生まれてくるのではなかろうか。先に紹介した音楽家のワグナーとシューマンの例のなかで、「分裂」と「ホールディング」のことが語られていたのと同様のことである。ホールディングは他人の助けを借りるときと、自分の力でなし遂げられるときとがある。しかし、相対立する力の共存に耐えているときに、そこから新しいイメージが生まれてくるし、それこそが「創造」なのである。

先の教師の例にかえると、その教師がその葛藤状況から、その生徒に対して、その場でもっとも適切な答を見出せたとき、それはひとつの創造と言っていいのではなかろうか。簡単な原則によって説明できない「個」のはたらきがそこに認められるからである。

このような見方をしないとき、自分の人生はまったく無価値なものに見えるときがある。誰でも同じ生活を繰り返しているに過ぎないし、近づいてくる死を待っているに過ぎない、ということになる。

「――に過ぎない」という考えは、イメージの豊かさと反対のものである。ママごとに興じている子どもたちにとっては、理想の家庭にふさわしいイメージが生き生きとはたらいているだろうが、それも言ってみるならば、子どもたちが、ガラクタと砂を触っているに過ぎない、のである。

「創造」したいと思う者は、それがいかにエネルギーを必要とするかを知っていなくてはならない。先にあげた教師の例で、「面倒なことは避ける」態度をあげたが、そこからは創造は出て来ない。葛藤を抱きかかえていることは、実に大量の心的エネルギーを必要とすることである。天才と言われる人は、そのような凄まじいエネルギー消費に耐える人である。一般的な意味における「努力」の跡の見えない天才も、消費しているエネルギーは莫大なものであるに違いない。ただ、その痕跡が一般人には見えないからではなかろうか。天才モーツァルトが若くして死んだのも、こんなところに要因があるかも知れない。

福島章の前掲書に、ブルックナーが七十二歳まで生きたという事実の後に、「ただし、彼が四十二歳で第一交響曲を完成してから最後の第九交響曲を未完のままで残すまではほぼ三十年、これはモーツァルトがケッヘル一番のピアノ小品を六歳で書いてから《レクイエム》を未完のままで残して夭折するまでの期間とちょうどおなじなのである」と指摘している。創造の仕事に関するひとつの重要な指摘のように感じられた。

われわれ普通人は、モーツァルトのように作品をつぎつぎ生み出したりすることはできない。しかし、自分の人生こそが作品であり、それをかけがえのないものとするための努力がいると思われる。

そのためにはイメージ、あるいは自分の人生に対するヴィジョンを持たねばならない。ただ、能率よく、面倒なことを避けて、生きることばかりを考えていると、それは大量生産の商品と同様のものになって、何らかの個性ももたなくなってしまう。自分の人生は手づくりでつくりあげねばならない。

ライフサイクルとイメージ

ライフサイクルとは何か

ライフサイクルという用語は、今日では相当に一般化して使われているが、これが現在理解されているような形で用いられるようになったのは、比較的最近のことである。ライフサイクルについては既に他に概説を述べたので（『岩波講座精神の科学6　ライフサイクル』）、ここではもっぱらイメージとの関連において論ずることにしたい。

ライフサイクルという考えが心理学において用いられるようになったのが最近のことである、という事実は、その考えの本質とかかわることである。心理学は「発達心理学」を重要視し、乳幼児期、児童期、青年期を取りあげて研究してきたが、それ以後のことにあまり関心を示さなかった。それは、心理学が計測可能な対象に限定してその「発達」を考えようとする限り、人間の「発達」は青年期で終りになってしまうからである。以上のような発達心理学に対して、随分と遅れて、老年期の心理学的研究が生じてくるが、これも端的に言えば、老人になってどれほど能力が低下するかを研究するような感じがあり、人生全体のなかに、老年期の意味を位置づけてゆこうとするものではなかった。

ライフサイクルの考えは、人生の始まりから終りに至るまでの過程を、段階的に区分してその意味を明らかにするのであるが、それは従来の心理学が問題としていた「発達」ということとは、異なってきている。それは端的に表現すると、概念からイメージの方に重点が移動してきているのである。「科学的」研究においては、概念を明確に定義することが必要である。それが操作的に定義されるときは申し分がない。操作的に定義された概念では、計測可能な要素によって構成されてくる。しかし、考えてみると、ライフサイクルを提唱したエリクソンの考えの中心となっている「アイデンティティ」という用語は、科学的概念と言えるだろうか。誤解のないように断っておくが、それが科学的概念でないから駄目だなどと、ここで言おうとしているのではない。むしろ、逆に「アイデンティティ」を科学的概念として定義し、質問紙などによって計測しようとする試みは、それはそれとして評価されるが、エリクソンのもともとの考えからは遠ざかってゆくと感じられないだろうか。「アイデンティティ」というのは、イメージとして理解した方がいいのではなかろうか。

ライフサイクルということを、「私」の心理学ということにひきつけて表現すると、「私」が「私の人生」をいかに見、いかに意味づけるか、ということではないだろうか。それは外から計測できることとして、私の属性の何かがどれほど発達したり退化したりしたかということではなく、私が私についてその意味を私という全存在のなかにどれほど深く位置づけていったか、ということであろう。そのように考えると、これはイメージ抜きにはできないこととなってくる。中心となるのは内的体験なのである。

ライフサイクルの考えが出てくるまでは、「発達心理学」があり、それは青年期どまりであったと述べたが、実のところ、ライフサイクルの考えは、東洋には昔からあったと言っていいだろう。たとえば、孔子の『論語』における次の言葉は誰でも知っているだろう。（為政第二の4）

吾れ十有五にして学に志す。

三十にして立つ。

四十にして惑わず。

五十にして天命を知る。

六十にして耳順う。

七十にして心の欲する所に従いて矩を踰えず。


この考えは、人間が老いて死んでゆく過程を、衰退としてではなく、一種の完成として見たところが特徴的である。三十から五十に向かう方向が、五十のところから回転してゆくところに注目したい。三十から五十に向かう方向をそのまま維持する考えでゆくと、老年を完成へとは導けないのではなかろうか。

「天命を知る」、「耳順う」などの表現は、まったく内的体験にかかわることである。七十歳において到達する「心の欲する所に従いて矩を踰えず」というときの「心」が、それまでに、「天命を知る」とか「耳順う」などと言われる状態を経過することによってつくられてきたものであり、西洋的な定義による「自我」ではないことを知らねばならない。しかし、ここに表現されていることも、多分にイメージ的であって、一義的に定義し難いものである。このような表現を用いることを許してこそ、ライフサイクルを完成に到るものとして記述できるのだ、と言えるであろう。

インドのヒンドゥー教において、人生の理想的な過ごし方と考えられている「四住期」も、ライフサイクルを完結的に見るひとつの例と言えるであろう。

簡単にそれを紹介すると、人生は学生期、家住期、林住期、遁世期に分けられる。学生期は師に対する絶対的な服従と忠誠が必要で、この時期はひたすら学ぶことになる。続く家住期には結婚して家庭生活をする。職業にもつくし、家族を養わねばならない。これを現代的に考えると、ライフサイクルの終りとさえ考えられるが、これに後の二つが加わるところにヒンドゥーの特徴がある。

第三の林住期は、家長は財産や家族などすべてを棄て、社会的義務も棄てて、人里離れたところで暮らすことになる。これは「真の自己を求める道にはいるため」と考えられている。しかし、この時期は家族と完全に離れるのではなく、家族との絆を保ちつつ林住しているのである。

最後の遁世期は、この世への一切の執着を棄て去って、巡礼をして歩く。いかなる特定の土地や仕事などと結びつくことなく、「永遠の自己との同一化に生き、その他の何ものにも関心を持たぬ」生活をする。

インドの四住期の場合も、生涯が完結してゆくというイメージを与えるものである。このように東洋においては、むしろ古くからライフサイクルの考えがあったとも言えるのだが、それではなぜ西洋において、なかなかそのような考えが出て来ず、しかも最近において出てくるようになったのか、という疑問が生じてくる。これについて次節で考えることにする。

直線と円環

ライフサイクルのイメージとして、二つの基本的な形があり、それは直線と円環であると思われる。西洋において、ライフサイクルの考えが出現する以前、「発達」に重点をおいていた時は、あくまで直線のイメージが強かったと考えられる。人間が出生してから成人になるまで、直線的に発達してくる。そこでその発達の「段階」を設定することが、発達心理学の重要な課題となった。

直線的・段階的に人間が進歩する、発達するという考え方はわれわれにとってわかりやすい気がするが、実のところこれは西洋の近代の産物である。われわれはこの考え方にあまりにも強く親しんでしまっているので、当然のことのように思うのだが、実のところ、この考えは既に述べたように、青年期までしか通用せず、それ以後については衰退と考えるより仕方がなくなる。端的に表現すると、進歩・発達の直線的図式にとって、「死」をどう位置づけるかが、大変な問題となってくるのである。

筆者の考えでは、このような直線イメージの背後にはキリスト教という宗教が存在している。直線的にひたすら上昇してゆくイメージは、天上の唯一神に向けられているし、死後は最後の審判によって、その到達点が判定されるわけである。近代自我は、一回限りの復活と最後の審判というイメージによって支えられているのだ。さもなければ、いかに自我を形成したとしても、死によってそれは消失してしまうので、死ということを考える限り、それは無意味になってしまう。

ところが、いずれのときかに復活し、審判が下ると考えると、できる限りの「進歩」をしておくことが意味をもってくるのである。

近代自我のジレンマは、それを確立し、自然科学を武器としてそれを強化することが、それを支えてくれているキリスト教の教義を信じ難くする、ということである。現代人にとって、キリスト教的な復活の審判のイメージを、本当に自分のものとしてもつことは極めて難しいのではなかろうか。

キリスト教のイメージを自分のものとせず、かつ、直線的段階的発達のイメージのみをもつとき、その人は老いや死の現実にたじろがざるを得ない。このことは、ユングが彼のところに来談した中年以後の年齢の人たちに、社会的には成功している人が多かったと語っていることの意味を知らせてくれる。老いや死を迎え、人生の後半をいかに生きるかに直面した人にとって、社会的地位などはあまり大きな意味をもたなくなってくるのだ。

ユングが人生後半の課題を強調し、エリクソンはそれを受け、フロイトの成人に到るまでの発達的図式に、成人以後の段階をつけ加えて、有名な彼のライフサイクル論を提出した。これはあまりにもよく知られているので、ここでは繰り返さずに、一応周知のこととして論をすすめることにする。

人生の直線的イメージによる理解に対して、円環のイメージによる理解は、輪廻に結びつく。輪廻の場合にも「業」によって、次に生まれ変わる存在がいろいろと異なってくるので、今の生き方が大切となる点では、キリスト教の場合と同様であるが、何しろ、死によって「終り」が来るのではなく、それはともかく「始まり」にもなる、という点において、老死を受けいれることが容易になるところがある。

こんなことを言っても、現代の日本人で誰がいったい輪廻など信じているか、それは古い時代の迷信だと言われそうである。しかし、筆者は欧米の友人や知人から、「日本人は輪廻を信じているからいいなあ」と言われたり、「日本人は輪廻を信じているのではないか」と言われたことが再三ある。彼らがそのように言う根拠は、日本人が死を受けいれる態度において、欧米の現代人（つまり、キリスト教における復活を信じられない人）に比して、はるかに優れている、ということである。このことに対してすぐに肯定する気も起こらないが、ともかく考えてみる価値のあることだとは思った。

西洋人の自我は統合性を重んじるので、論理的に不整合なことは受けいれ難い。これに対して、日本人の意識は相当なあいまいさを許容する。片方で自然科学者としての高い知識をもちつつ、片方では輪廻ということを何となく信じていたり、あるいは、信じているわけではないがなどと言いつつも、半意識的な支えとして持っていたり、ということがあると思われる。

円環は「始まり」も「終り」もない、従って、言い方を換えると、人間の人生は最初から最後まで、すべてを有しており不変であるという見方もできる。つまり、潜在的なものにまで目を向けるとき、赤ちゃんも老人も変りはないのだが、ただ、前面に出てくる様相は年齢によって異なる、と考えるのである。従って、子どもが「老人の知恵」を示したり、成人が「子どもっぽいこと」をしたりすることは、十分にあることで、それらを全体としてみることに意味があり、ある段階の次には異なる段階があり、段階が変ると以前の段階のことは消え失せる、とは考えないのである。

　このように、円と直線のイメージを対比させ、あれかこれかと考えるのではなく、ライフサイクルを、円のイメージでみたり、直線のイメージでみたり、その時その人にとっての意味との関連で、どちらでも見てみることが必要と考える方がよさそうである。いずれにせよ、その時の自分にとっての意味ということをよく自覚することが大切のように思われる。

老人と子ども

　ライフサイクルを考える上において、先に述べた円環的イメージに頼るときは、老人と子どもの結びつきが非常に重要になってくる。このようなイメージの最たるものは、禅の十牛図における、第十図において、老人と牧童が向き合っている図ではないだろうか。禅体験の最高の境位のイメージとして、このような図が描かれている事実は、示唆するところが大きい。このことについては既に他に論じた（拙稿「元型としての老若男女」『生と死の接点』岩波書店、所収）ので、ここでは省略する。

老人と子どもの結びつきを描きつつ、ライフサイクルのことを考えさせる児童文学の名作は多くあるが、ここでは最近に読んだ、ジル・ペイトン・ウォルシュ『不思議な黒い石』（遠藤育枝訳、原生林）によって、その点について論じてみよう。

主人公のジェームズはティーンエイジの少年である。引越していった近所に一人で住んでいる老人のサムソンさんと知り合いになる。「ここ五十年、じいさんと呼ばれてるのや」というサムソンにジェームズは何となく親近感を覚え、サムソンが事故で入院すると見舞いに行ったりする。サムソンは間もなく退院してくるものの、余命はあまりないと感じさせる状態である。

サムソンを見舞いに来たジェームズに対して、老人は昔に住んでいた家の暖炉の下に隠している「おまもりの石」をとってきて欲しいと言う。それは彼が十四歳のとき、彼の獲ったうさぎと交換にジプシーの女から貰ったものだと言う。

ジプシーはそれをくれるときに、「これなくしたら、季節の変わるまえに死ぬ。人にやったら、人並みにあぶない目にあう。けど、もし持ってたら、陸でも海でも災難に一生あわん」と言った。じいさんはそのお守りの黒い石を暖炉の下にしまいこんでいたが、「それから七十年、ええ時も悪い時もあったが、災難にはあわなんだ」。それを今は自分の手もとに取り戻そうと思うが、一歩も動けないので、ジェームズに取って来て欲しいと言うのである。

ジェームズは「だいじょうぶだよ。取ってきてあげるよ」と受け合うが、思いがけない困難が彼を待ち受けていた。引越してきたジェームズは、その住んでいる場所のせいもあって、そこの新興地の団地の子どもグループにも、もとからある村の子どもグループにもどちらにもいれて貰えないのである。その上、テリーという強い少年を大将とする村のグループは、ジェームズが自転車で「村」を走りまわるのは怪しからん、やっつけてしまえと見張っているのである。

この話の素晴らしいところは、ジェームズがテリーのグループと対決することによって、少年グループに入ってゆくイニシエーションということと、サムソンが老いの世界からあちらの世界へとイニシエートされることとが重なり合っていることをうまく描いていることである。親子の場合もこのようなことがよくある。ライフサイクルの思春期を子どもがどう生きるかと悩んでいるとき、親は思秋期に悩んでいることもある。

その上に、老人のサムソンは自分のお守りの石を、少年ジェームズに継承して貰うことによって、どこかで、「いのちの永続性」のようなことを感じている。いのちの永続性を何らかのかたちで実感できることは、死へのイニシエーションにおいて重要なことである。ジェームズとサムソンと、それぞれの人間がライフサイクルのある節目を通過しようとしているとき、ジプシーに貰った「不思議な黒い石」が、彼らをつなぎ、彼らを支えるシンボルとして機能しているのである。

ジェームズはサムソンに石を探すと約束したものの、町が新しくなってしまっているので、サムソンの昔の家の廃屋を見つけ出すのに苦労するところや、テリーの軍団につかまえられそうになりながら危く逃げるところや、テリーのグループとジェームズとの一種の仲介者のようにして出現する少女アンジェイのことなど、興味深いことだがすべて省略しておこう。

ジェームズとテリーの最後の対決のところで、ダムに水が溢れているところを渡らねばならぬことになり、テリーはそれを試みて失敗し瀕死の重傷を負う。ジェームズはその後でそこを必死の力で渡り切る。

ジェームズはサムソンじいさんから、お守りの石を譲り受けるが、それを持って病院にゆき、重傷に苦しんでいるテリーにあげることにする。テリーはジェームズがダムの上を渡ったと知り、「とんでもねえやつだな！　村人になる資格はじゅうぶんだよな」と言う。ジェームズは晴れて「村」の一員になれたのだ。そして、この日、サムソンじいさんは静かに死んでゆく。彼も晴れて「あちら」の一員になれたのである。「不思議な黒い石」は、ジプシーの女の言うとおり、凄いお守りかも知れぬし、ただの小石かも知れない。しかし、それが生きたイメージとしてはたらきはじめるとき、老人と少年をむすびつけ、彼らのライフサイクルにとって極めて重要な役割を果したのである。

死と再生

ここに紹介した『不思議な黒い石』の話において、「死」ということが非常に強くはたらいている。サムソンは死んだし、ジェームズは死の危険をおかさねばならなかった。

人間はライフサイクルの、節目節目を通過するとき、内的には「死と再生」の体験をするように思われる。イメージとしての死と再生をどのように生きるかが、なかなか難しいことなのであるが、昔はそのようなことを集団的、社会的にうまく行なってきた。それが未開社会に存在するイニシエーションの儀式である。これについても既に他に度々論じているところなので詳述を避けるが、要はその社会全体が必要に応じて、「死と再生」の体験ができるように、うまく伝統的にきめられてきているのである。

たとえば、わが国に昔行なわれていた元服の儀式をみると、前髪を切るという行為によって、「首を切る」ことを象徴し、子どもの名を棄てて新しい名前を貰うのは、要するに子どもが死んで大人として生まれかわってきたと考えるわけである。

現代においては、このような集団的なイニシエーション儀礼がなくなったので、各人がそれぞれ自分にふさわしい「死と再生」の儀式を取り行わねばならない。このことが、現代人に課された大きい課題なのである。このようなことを自覚していないとき、「死」がイメージとしてではなく、実際的な力を持ちはじめ、思いがけない事故が生じており、ジェームズの例のように、自ら死の危険性のあるところに飛びこんでゆくようなことも生じてくる。暴走族の若者などを見ていると、その背後に、死がうごめいていることを感じさせられる。このような若者に会ったとき、われわれは単純にその行為を止めさせることのみを考えるのではなく、いかにして「死と再生」の体験を象徴的に遂行して貰うのかを考えねばならない。

ライフサイクルはエリクソンが段階的な設定をしているために、一般にあまりにも段階的に受けとめられすぎているように感じられる。これはどうしても既に述べた直線的発達のイメージを引きずっているからであろう。ユング派の分析家のヘンダーソンも、イニシエーション体験に注目しつつ、一応の段階設定を行なっているが、実際的には人間のライフサイクルは直線的にではなく、循環的にすすむものであると指摘している（ヘンダーソン『夢と神話の世界』新泉社）。

ある段階から次の高い段階へと常に進むのではなく、低い方に下降することが必要なときもある、とヘンダーソンは指摘している。彼はこのような考えに立って、ユングが人生の前半と後半の課題をあまりにも明確に区別することにも反対している。ユングが人生の後半の課題として設定したことに直面している若者は、現代では多くいる、と彼は強調している。

ユングの言うような区別は、それでも一応のメルクマールとして持っている方が便利ではあるが、それにとらわれてしまうのは問題だということである。現代の若者が人生後半の課題に直面していることがあると述べたが、わが国の女性は人生の後半になってから、ユングの言う人生前半の課題に取り組むことになっている人も多い。これらの人には、日本の昔のパターンに従って、むしろ、自我を消すことに力をつくしてきたが、時代の変化と共に「自我の確立」という課題に目覚め、それを人生の後半において取り組むことになる。

筆者は、五十歳代の女性から、「昇る太陽と沈む太陽」の二つの太陽を同時に見る夢の報告を受けたことが二度ある。これは、わが国の現代の多くの女性の課題を端的に示している。一方では上昇する太陽のイメージによって示される自我の確立や、社会における自分の地位の向上などの課題があり、他方は、沈む太陽のイメージによって示される、死への準備の仕事が存在している。なかなか困難なことではあるが、与えられた課題は受けとめて生き抜くより他に方法はない。しかし、二つの太陽の共存はなかなか大変なことではある。

ライフサイクルの諸段階の変化と共に、自分と他人との人間関係の在り方も変化する。それは外的にも内的にも変化し、その変化が相呼応することが多い。ユング派の分析家、エーリッヒ・ノイマンは、ライフサイクルの変化の背後に、「母親殺し」、「父親殺し」などのイメージが存在することを明らかにした。ノイマンの自我形成に関するイメージの変化の図式的表現は、これまで再三にわたって述べてきているので、ここでは省略する。ここではそれを周知のこととして論をすすめるが、ひとつ強調したいことは、「母親殺し」、「父親殺し」を遂行したとしても、母親も父親も「再生」してくる、ということである。つまり、自分は「父母殺し」の内的体験をしたので、母親や父親から自立したと簡単にきめつけないことが大切である。確かに、一度殺されて再生してきた、母親イメージ、父親イメージは以前のとは異なっている。しかし、その新しく再生してきた、父母のイメージとどうつき合うのか、そして、また必要とあらば、それらの両親を殺すことを再び行なうこともあろう、などと考えてみることが必要である。これは単純に直線的発達の図式を当てはめると、「退行」のように見えるかも知れないが、異なる次元で似たようなことを行なっているのである。

ここで述べたような考えをもたないと、非常に単純に、ある人間が「自立している」、「自立していない」と判断したり、自分は既に母親殺しも遂行したと考えて、自立していると評価したりとか、馬鹿げたことが生じるようである。ライフサイクルを直線的と円環的と両方の見方で見ることを、われわれは忘れてはならない。人間は生まれたときから完成しているとも言えるし、どんな人も未完のままに死ぬともいえるのである。

死後の生命

ライフサイクルを考える上で、「死後の生命」ということも考慮する方がいいように思う。このことは第八章の終りに少し紹介しておいたが、これはレイモンド・ムーディの『かいま見た死後の世界』によって述べたものである。その後、ムーディの『続かいま見た死後の世界』『光の彼方に』の翻訳が出版されたので、これらの本に語られたことを踏まえながら、ライフサイクルと死後の生命の問題を論じてみたい。

ライフサイクルについて論じる際に「死後の生命」のことなどを持ち出してくるのは、極めて非科学的であると非難したくなる人もあるだろう。そこで、この件に関する筆者の立場を明確にしておくことが必要と思われる。既に述べたように、ライフサイクルに関する見方は、その背後に宗教を——

意識するとしないとにかかわらず——もっている。しかも、それらの宗教に関する「信仰」は急激に薄れつつある。現代人は「信じる」ことよりも「知る」ことに重きをおこうとしているのだ。

ライフサイクルを考える上で、「死」をどう受けとめるかは実に重要なことである。東洋のライフサイクルの考えが完結のイメージをもちやすいのは、それが人生を死の方から見る態度をもつからであるし、それに対して、西洋近代のように徹底して、生の方から人生を見る場合は、ライフサイクルは完結せず、発達段階は青年期で切れてしまうのである。外から計測するものとしてではなく、「私」が「私の人生」をどう見るかというときに、死について考えることはどうしても必要になってくる。

このとき、既製の宗教の教義に頼ることなく、死に瀕した人にその内的体験をそのまま聞くことを行なったのが、臨死体験（near death experience）の研究である。既に紹介した新しい二冊の本に書かれていることは、本質的にはこれまで言われていたことと変りはない。ただ集結された事例の数が多くなり、これまでに述べてきたことの事実性がますます確かめられたとは言えるであろう。

臨死体験の特徴のなかで、非常に大切なことは、いわゆる「光の体験」であろう。「光と言っても愛と言ってもいいんです。結局同じことなんだろうと思います」と言う人や、「地上で見るどのような光よりもはるかに明るい」、「光の洪水」などと表現する人もある。「見る」と言うよりも「包まれる」と言う方が適切で、「その存在は全き愛と英知を発している。それがあまりに強いため、ほとんどの人間は永遠にその存在とともにありたいと願う」。しかし、それは不可能で、その後に人々はこちらに帰ってきて生き返るのである。

この光の体験こそ、すべてのイメージ体験の根元に存在するものではなかろうか。このような体験をした後では、人々は「死に対する不安がなくなり」、「愛の大切さに気づき」、「あらゆるものとつながっているという感じ」をもつと言われている。この体験が人を変えたのである。このような体験は、その人のそれまでの宗教の信仰と無関係に生じるとされているのも興味深い。

このような臨死体験の報告を基にして、一部の人々が言うように、「死後の生命」の存在が証明されたとは筆者は考えていない。そのようなことよりも、むしろ、ある人にとっての臨死体験というイメージ体験が、その人の人生に対する考えを一変させている事実について注目したい。その人にとって、死は生のなかにちゃんと位置づけられ、恐れることはなくなっているのである。

筆者は臨死体験というのは、必ずしも死に瀕する状態のみによって体験されることではなく、多くの宗教的天才が修行を通じて体験してきたことも同様ではないかと考えている。このことは、おそらくどのような人も、「深い」体験をするならば、自分の人生全般を見とおし、全き知恵をもって見ることができて、それも年齢に関係なくそれは可能であることを示している、と思われる。キュブラー・ロスもムーディも子どもの臨死体験についての感動的な事例を報告している。

このようなことは、人生全般を円環的に見ること、つまり、人生のどの年齢においてもそれは完結しているとも言えることを意味している。ただ、表面に見えてくる様相は、その完結性を明らかにするものでないだけである。この考えは、人間のなかに幼なくして死んだり、若くして死んだりする人があることに対して慰めを与えてくれる。直線的ライフサイクルのイメージのみに頼るとき、多くの人々がまったく未完のままで死んでゆくことになるのだが、円環のイメージによるときは、そのようには考えられない。人間は生まれたときから完結しているのである。臨死体験の報告がこの考えを支えてくれている。

ライフサイクルを直線的段階的発達のイメージのみで見る態度から自由になることにより、われわれは子どもや老人の素晴らしさを実感できることになる。壮年の男子のイメージを——男性の英雄像を——到達点としてみるような考えから、われわれは自由にならなくてはならない。

あとがき

本書は『イマーゴ』の創刊号（一九九〇年一月）より、一九九一年一月までに連載した（一回脱けているが）「イメージの心理学」に小部分の訂正、加筆を行なってまとめたものである。

青土社の清水康雄社長より連載を依頼されたときは、それだけの連載をする余裕がないということでお断りしたが、清水社長の『イマーゴ』発行に賭ける熱意にほだされてお引受けすることになった。

本文にも書いたことだが、ユングの心理学はイメージ心理学だと言ってもいいくらいであり、ユングが言っているような意味におけるイメージは、人間を理解する上において、これからますます重要になってゆくであろう、と思っている。コンピューターによる人工知能の研究が進むにつれて、たとえば、チェスの問題や数学のように純粋に思考の関係することは、相当高度なことができるが、たとえば翻訳のようなことになると、あんがい簡単なことでも難しいということがわかった。それは「会話」などというものは、その場の全体的状況の把握を前提にして行なっているので、そのことを抜きにして、単純に、ひとつの国の言葉を他の国の言葉に置きかえるようにして翻訳機械に頼っても、まったくわけのわからないものになってしまうのである。

ここに、その場の全体的状況と記したようなことを、人間はイメージによって把握している。時にそのイメージは明確でないにしても、そのような土台を共有することによって、その上において言語の交換がコミュニケーションとして円滑に行なわれるのである。時に、このような基礎となるイメージが異なっているために、二人の人間が話し合えば話し合うほど誤解が大きくなる、ということも生じるのである。

これからの心理学において、本書に論じたようなイメージということが、非常に大切な研究課題になるのではないかと思っている。本書はその点まったく入門的なものであるが、読者はこのなかから今後追求してゆくべき多くの課題を見出されることと思う。本書が今後、イメージ心理学の研究の発展をうながす端緒ともなれば有難いと思っている。

本書を見ていただくとわかることであるが、イメージとは何かということからはじまって、それを芸術、宗教、などいろいろな角度から視点をかえて論じている。ただ、入門的なものとなったので、筆者が他書で論じているのと重複する部分があり、その点は読者の御寛容をお願いしたい。何しろ毎月の締切りに追われて原稿を書くのと、イメージについてどうしても言っておかねばならぬことというのがあるためもあって、ある程度、他書との重複を避けることができなかったのである。それでも素材は同じにしても、なるべく現在の自分の考えに照らして、現在考えている言葉で表現しようと努めたのではあるが。

『イマーゴ』に連載したためもあって、むしろ、心理学の領域外の方に読んで貰うことが多かったようで、意外なところから反響があって嬉しかった。青土社より本書の出版をすすめられたとき、入門的だし、似たようなことを今まで言ってきているし、と気がすすまなかったのであるが、他領域の方々の反応に触れて、心理学と他の領域とを結ぶ役割もあるのかと考え、出版に同意したのであった。こんな次第なので、連載終了後から出版まで大分日が経ってしまった。その間、本書の出版を待って下さっていた方々に対しては、申訳ないことをしたと思っている。

連載中は、『イマーゴ』編集者の西口徹さんに格別のお世話になった。西口さんの熱意がなかったら、とうてい連載は続けられなかったであろう。また本書の出版を強くすすめてくださった清水社長、それに出版に当ってお世話になった青土社の中島郁さんにも、ここに心からお礼申しあげたい。これらの人の援助がなかったら、本書が世に出ることはなかったであろうと思われる。

一九九一年九月

河合隼雄

新装版へのあとがき

谷川俊太郎

河合さんの本は難解ではない。特にこの本は詩を書いている私が若い頃から親しんでいる「イメージ」がテーマだから、詩作から実生活にわたる、自分のこととして読んでしまう。私の元型的イメージの一つにリンゴがあって、私の書いた詩やショートショート、エッセーやテレビドラマにもしばしば登場するのだが、それについて河合さんがかつて「幸福な幼年時代を送ったところからくる自己肯定感に関連している」と言われたことがあって、それは自分という人間を考える上での原点のようになっている。

老いてから私は自分を〈二度わらし〉と言ってもいいと思うようになった。詩を書くときも話者を幼児として虚構する方が本音が書けるような気がするのだ。誕生から死まで年齢を折線グラフで示すと、それは進行するリニアなイメージになるが、いつからか私はヒトの年齢を樹木の年輪のイメージで捉えようとするようになっている。中心にはゼロ歳の私がいる、年輪は年を加えるごとに大きくなっていき、最後の年輪が現在の自分というわけだ。この年輪イメージには河合さんも賛成してくれただろうと思っている。

二〇世紀の始め詩にはイマジズムという運動があって、そこでは詩の構成要素としてイメージが重視されたらしいが、言うまでもなくイメージは言葉の意味、音感と並んで意識するしないにかかわらず大事な詩の要素として今も機能している。映像技術の発展によって、静止した単色の写真から動き続けるカラフルな映像へ変化してきたのも、詩に影響を与えているだろう。だがそういういわば外的なイメージは、河合さんが問題としてきた個々人の内的イメージとは次元が違うのではないか。眼で見える映像は概ね明確な輪郭を持っているが、内的イメージは曖昧で多義的で割り切れないことで、より深く私たちの心に、内面に入ってくる。河合さんは〈たましい〉という言葉を使うことには用心深かったけれど、矛盾を許さない科学の分野でも今や矛盾する現象を問題にするようになっている。科学と宗教の境界も揺らいできているのだ。

言語の世界で私が終始こだわってきたのは、言語による〈意味〉とイメージによる〈存在〉との隔たりで、束の間でもそれを埋められるのはおそらく音楽ではないかと思っている。河合さんがフルートに熱中したのも、〈存在〉には言語の意味よりも〈たましい〉の音楽の方が近づけると感じていたからではあるまいか。

イメージの心理学
新装版

2020年 4 月30日　第1刷印刷
2020年 5 月14日　第1刷発行

著者――河合隼雄

発行者――清水一人
発行所――青土社

〒101-0051　東京都千代田区神田神保町1-29　市瀬ビル
［電話］03-3291-9831（編集）　03-3294-7829（営業）
［振替］00190-7-192955

印刷・製本――ディグ

装幀――田中淑恵

ISBN978-4-7917-7276-6 C0011
Printed in Japan